Geshe Thubten Ngawang

Vom Wandel des Geistes

Buddhistische Unterweisungen eines
tibetischen Lamas

Mit einem Vorwort des Dalai Lama

Eugen Diederichs Verlag

Die Originalausgabe erschien 1987 unter dem Titel
Von der Reinigung des Geistes durch Meditation
im Papyrus Verlag, Hamburg

Überarbeitete und aktualisierte Neuausgabe

Aus dem Tibetischen von Christof Spitz

Die Deutsche Bibliothek – CIP-Einheitsaufnahme
Thub-bstan-ṅag-dbaṅ:
Vom Wandel des Geistes: buddhistische Unterweisungen eines
tibetischen Lamas / Geshe Thubten Ngawang. Mit einem Vorw.
des Dalai Lama. [Aus dem Tibet. von Christof Spitz]. –
Überarb. und aktualisierte Neuausg. – München: Diederichs,
1994
   (Diederichs Gelbe Reihe; 106)
   Ausg. im Papyrus-Verl., Hamburg u. d. T.:
   Thub-bstan-ṅag-dbaṅ: Von der Reinigung
   des Geistes durch Meditation
ISBN 3-424-01159-2
NE: GT

Umschlaggestaltung: Zembsch' Werkstatt, München
Produktion: Tillmann Roeder, München
Satz: Uhl + Massopust, Aalen
Druck und Bindung: Pressedruck, Augsburg
Printed in Germany

ISBN 3-424-01159-2

Inhalt

Vorwort

Den Geist zu wandeln ist die eigentliche Essenz der buddhistischen Lehre und ihrer Ausübung. Gewöhnlich werden wir von gegenwärtigem Leiden erdrückt. Dies ist darauf zurückzuführen, daß unser Geist von Unwissenheit getrübt und von verblendeten Emotionen aufgewühlt ist. Die Wirkung dieser leidverursachenden Faktoren in unserem Geist ist allerdings nicht auf die Gegenwart beschränkt. Sie verschlimmern unsere Situation noch dadurch, daß sie fortlaufend die Ursachen für weiteres Leid in der Zukunft schaffen. Wir können dem gegenwärtigen und zukünftigen Leid jedoch ein Ende bereiten, indem wir unseren Geist allmählich wandeln und läutern und schließlich vollständige und vollendete Erleuchtung erlangen.

Der indische Meister Atiśa, der im elften Jahrhundert nach Tibet kam, führte Übungen zur Wandlung des Geistes ein, die sich darauf konzentrieren, ein altruistisches Streben nach Erleuchtung zu entwickeln. Bei diesen Übungen erkennt man eine selbstsüchtige Haltung als das hauptsächliche Hindernis, und um dieses zu überwinden wendet man solche Meditationspraktiken an wie das »Geben von eigenem Glück und das Annehmen von Leid der anderen« und das »Austauschen von Ich und anderen«. Solche Übungen sind äußerst wirksam, und ich bin erfreut, daß Geshe Thubten Ngawangs Buch »Vom Wandel des Geistes« einige von diesen den deutschsprachigen Lesern verfügbar macht.

Tenzin Gyatso

20. Oktober 1993   Der 14. Dalai Lama

Vorbemerkung des Übersetzers

Die meisten der Unterweisungen, die in diesem Buch zusammengestellt wurden, sind Niederschriften von Seminarvorträgen im Tibetischen Zentrum e.V., Hamburg, in dem Geshe Thubten Ngawang als ständiger geistlicher Leiter seit 1979 lebt und unterrichtet. Das Kapitel »Die Vier Wahrheiten« ist die Abschrift eines öffentlichen Vortrags, den Geshe Thubten Ngawang anläßlich des Besuches S. H. des Dalai Lama im Jahre 1982 an der Universität Hamburg gehalten hat. Die Unterweisung über die Bedeutung des Karma mit dem Titel »Handlung und Wirkung« war ein Gastseminar im Esoterischen Ring in Karlsruhe. Das Kapitel »Stufen der Nächstenliebe« wurde ursprünglich als Artikel für eine spirituelle Zeitschrift verfaßt.

Um der Begriffsklarheit willen wurden einigen Wörtern das ursprüngliche Sanskritwort und teilweise auch dessen tibetische Übersetzung in wissenschaftlicher Umschrift hinzugefügt. Ausdrücke, die im Anhang erklärt werden, sind beim ersten Erscheinen kursiv gesetzt.

Einleitung

Wie eine Traumerfahrung wird all das, was ich nun genieße, bloße Erinnerung werden. Das Vergangene, was es auch sei, werde ich nicht wiedersehen.
Śāntideva, Eintritt in das Leben zur Erleuchtung

Ich möchte einige einleitende Worte zu der Motivation sagen, mit der man ganz allgemein religiöse Unterweisungen aufnehmen sollte. Denn beim Studium der Religion ist die korrekte Motivation, anders als bei einem normalen Studium etwa an der Universität, von ausschlaggebender Bedeutung. Sie stellt eine der wesentlichen Bedingungen dafür dar, daß sich die gewünschte Wirkungskraft der Religionsausübung einstellt. Dies hängt damit zusammen, daß die Ausübung der Religion viel weitreichender ist als unsere üblichen Tätigkeiten. Oft leuchtet uns ihr Sinn nicht recht ein, da es sich dabei um sehr subtile Phänomene handelt, die man nicht gleich mit den Augen sehen kann, und deshalb lassen wir sie oft beiseite.

Wir alle sind uns darin gleich, daß wir sowohl vom Körper als auch vom Geist her keinerlei Leid wünschen. Auch das geringste Leid möchten wir von uns fernhalten. Das war so in der Vergangenheit, es gilt jetzt und wird auch in der Zukunft nicht anders sein. Was Glück angeht, wünschen wir uns davon, soviel wir nur bekommen können. Selbst ein geringes Wohlergehen möchten wir nicht verlieren. Wenn wir irgendwo sitzen und es uns zu heiß wird, gehen wir gleich dorthin, wo es kühler ist, da wir uns davon Wohlergehen versprechen. Obwohl wir jedoch stets den Wunsch nach Glück haben, treffen wir immer wieder unfreiwillig auf Leiden und Schwierigkeiten.

Welche Mittel erlauben es uns, ein höheres, dauerndes Glück zu erlangen, wie wir es ersehnen? Wir können wohl alle mit eigenen Augen sehen, daß heutzutage ein enormer Fortschritt auf materiellem Gebiet stattfindet. Dieser Fortschritt ist so beträchtlich, daß er oft schon bedrohlich erscheint und wieder neue Probleme mit sich bringt. Als Reaktion darauf möchte man manchmal die Entwicklung umkehren und sucht wieder das Natürliche und Ursprüngliche. Das ist ein deutliches Anzeichen dafür, daß allein durch materiellen Fortschritt die wirklichen Wünsche und Bedürfnisse des Menschen nicht zu befriedigen sind. Daher verlangt der Mensch über das Materielle hinaus nach andersgearteten Mitteln. In diesem Zusammenhang trifft man auf die Anweisungen von geistig hochstehenden Menschen. Ihre Anweisungen werden Religion oder, im Sanskrit, *Dharma* genannt. Es mag dahin gestellt sein, ob alle Religionen in der Lage sind, die Wünsche des Menschen endgültig zu befriedigen und ihm dauerhafte Glückseligkeit zu bringen, aber gewiß sind sie alle sehr nützlich. Sie alle besitzen Aspekte, die es sich auszuüben lohnt.

Im Buddhismus wird herausgestellt, daß es letztlich die Schulung des Geistes ist, die uns echte Freude verleiht. Wenn im Buddhismus gesagt wird, daß echtes Glück auf der Schulung des Geistes beruht, heißt das nicht, daß man nicht auch von äußeren, lebensnotwendigen Bedingungen abhängig wäre. Man sollte sie aber als Hilfsmittel bei der eigentlichen Aufgabe sehen, die dem Menschenleben Sinn verleiht: bei der Entfaltung des heilsamen Potentials des Geistes.

Wenn man es anstrebt, den eigenen Geist dauerhaft

von leidverursachenden Faktoren zu reinigen und ihm gute, glückverheißende Eigenschaften zu verleihen, muß man sich Gedanken darüber machen, wie lange das Kontinuum des eigenen Geistes weiterbestehen wird und was mit ihm in Zukunft geschehen wird. Wir alle haben einen Körper und einen Geist. Was mit dem Körper geschieht, wenn das Leben beendet ist, wissen wir. Das Kontinuum des Geistes aber setzt sich über den Tod hinaus fort und verbindet sich mit einem neuen Körper. Bezüglich dieser Lehre gibt es innerhalb der verschiedenen Fahrzeuge und Schulen im Buddhismus keinerlei Unterschiede. Man führt dazu auch eine Reihe logischer Argumentationen an. Ich bin überzeugt, daß diese Lehre auch für die allermeisten der anderen Religionen gilt. Es gibt vielleicht Unterschiede in der Art und Weise und der Genauigkeit der Beschreibungen darüber, was mit dem Bewußtsein nach dem Tode geschieht.

Aber es wird wohl in den Religionen übereinstimmend ausgedrückt, daß sich das Bewußtsein nach dem Tode weiter fortsetzt und daß die Qualität der Erfahrungen, die man dann machen wird, abhängig ist von den *Taten*, die man in diesem Leben begeht. Hat man sich etwa bemüht, moralisch gut zu handeln und anderen zu nutzen, dann folgt daraus, daß man auch nach dem Tod etwas Angenehmes erleben wird. So heißt es vielleicht in einigen Religionen, daß man in die Nähe Gottes gelangen wird. Hat man aber auf der anderen Seite schlecht gehandelt und anderen geschadet, so wird sich das so auswirken, daß man nach dem Tode Leiden erleben wird. Entsprechend wendet man in allen Religionen Mittel an, die dazu dienen, sich von den negativen Taten, die man begangen hat, zu reinigen, etwa mit Hilfe der Beichte im Christentum.

Im Buddhismus wird dieser Zusammenhang so erklärt: Alle Handlungen hinterlassen ihre Eindrücke und Nachwirkungen im Bewußtsein. Sie formen Anlagen, die später unter dem Einfluß weiterer äußerer und innerer Bedingungen zu Glück oder Leid heranreifen. Entspringen die Handlungen einer falschen Sicht der Wirklichkeit, sind sie etwa von Haß oder Begierde motiviert, so führen sie zu Leid. Hat man sich bemüht, die Realität korrekt zu erkennen, handelt man motiviert von Mitgefühl und geht gegen negative Emotionen mit wirksamen Mitteln vor, so werden diese Bestrebungen sowohl auf kurze als auch auf lange Sicht zu Glück für einen selbst und andere führen.

Ähnlich wie wir in jungen Jahren selbst die Bedingungen für ein angenehmes Leben im Alter schaffen müssen, tragen wir auch selbst die Verantwortung dafür, in diesem Leben in uns die Ursachen für Glück in der weiteren Zukunft zu schaffen. Wenn man jung ist und es später gut haben möchte, muß man sich selbst dafür anstrengen, etwas lernen, arbeiten und Geld verdienen. Man kümmert sich um seine Gesundheit, bemüht sich um angenehme Freunde und darum, einen geeigneten Lebenspartner zu finden.

Diese Mittel helfen allerdings wenig für die Zeit nach diesem Leben, für die zukünftigen Existenzen. Um für diese Zeit etwas Positives zu bewirken, muß man sich nach besten Kräften bemühen, heilsame Taten durchzuführen und unheilsame Taten beiseite zu lassen. So werden gute Anlagen im Bewußtsein gesetzt, und die guten und schlechten inneren Anlagen sind das einzige, was man über den Tod hinaus mitnimmt.

Auch hier liegt die Verantwortung ganz bei einem selbst. Wenn man stirbt, nützen all die Freunde, die

Reichtümer, das gute Essen, die schöne Wohnung und dergleichen nichts mehr. So heißt es im *Eintritt in das Leben zur Erleuchtung* des indischen Meisters und *Bodhisattva* Śāntideva (II,37):

Wie eine Traumerfahrung wird all das, was ich nun genieße, bloße Erinnerung werden. Das Vergangene, was es auch sei, werde ich nicht wiedersehen.

Nicht nur schwinden und enden die äußeren Reichtümer, sogar unser eigener Name wird bedeutungslos. Auch unser Körper, an dem wir sehr hängen, hilft uns nicht weiter, wir können ihn nicht mitnehmen. Haben wir uns in unserem Leben viel darauf eingebildet, zu diesem oder jenem Land, zu einer bestimmten Kultur, Menschenrasse oder Ideologie zu gehören, so wird das nun alles nutzlos. So sagt Śāntideva (VIII,33) weiter:

Geboren werde ich allein, allein muß ich sterben. Kein anderer hat Teil an meiner Qual. Was sollen mir all die Freunde dieses Lebens?

Wie man Geburt angenommen hat, muß man auch sterben: ganz allein. Wenn man auch noch so viele Freunde hat, kann man nicht zu ihnen sagen: »Nimm du die Hälfte von meinem Leid und du ein Viertel und auch du ein bißchen, so daß ich nicht so viel mitnehmen muß.« Von diesem Gesichtspunkt aus betrachtet hat es keinen großen Wert, immer wieder nach neuen Bekanntschaften Ausschau zu halten.

Jetzt, da wir Menschen sind, geht es uns eigentlich recht gut. Wenn wir uns bemühen, können wir uns durch unsere Arbeit viele Annehmlichkeiten verschaffen. Selbst wenn man nichts hat, stützt einen oft noch die menschliche Gemeinschaft, beispielsweise das Sozialamt. Wenn

wir sterben, hilft uns allerdings das Sozialamt nicht weiter. Zu dem Zeitpunkt zählen allein die guten Anlagen,
die wir in uns gesammelt haben. Dann hilft es nicht zu
sagen: »Ich habe doch so und so viel Geld, Freunde und
Macht.« Darauf kann man nicht mehr setzen, es ist sinnlos geworden.

Aus diesen Gründen ist es wichtig, daß man sich bemüht, an jedem Tag möglichst viele positive Handlungen
durchzuführen, gute Anlagen im eigenen Bewußtsein zu
schaffen und sich mit Hilfe der Meditation und anderer
Schulungen heilsam zu verändern. Wenn man so handelt,
setzt man die wahren Ursachen für dauerhaftes Glück.
Zudem schafft man die inneren Voraussetzungen dafür,
auch in Zukunft immer wieder auf spirituelle Lehrer und
Lehren zu treffen und Dharma anwenden zu können.

Schon wenn man morgens aufwacht, sollte man daran
denken, daß man in Vergangenheit Ursachen für Leiden
geschaffen hat und sich immer noch in einer Situation der
Unfreiheit befindet. Alter, Krankheit und Tod werden
kommen. Niemand will diese Leiden haben. Als Aus-
übender von Dharma sagt man sich: »Ich will dieses
wertvolle Menschenleben nutzen, um etwas für jene Zukunft zu tun, die über die bloßen Dinge dieses Lebens
hinausgeht, und um mich aus der Unfreiheit des Leidens-
kreislaufs zu befreien.« Diese Motivation sollten wir
auch in uns entwickeln, wenn wir uns mit Dharma be-
schäftigen.

Die vier Wahrheiten

> Der Gesegnete sprach: »*Diese sind die wahren Leiden, diese sind die wahren Ursprünge, diese sind die wahren Beendigungen, diese sind die wahren Pfade. Leiden sind zu erkennen, ihre Ursprünge sind aufzugeben, ihre Beendigungen sind zu verwirklichen, die Pfade sind zu üben. Leiden sind zu durchschauen; denn dann wird es keine weiteren Leiden geben, die zu durchschauen sind. Die Ursprünge der Leiden sind aufzugeben; denn dann wird es keine weiteren Ursprünge geben, die aufzugeben sind. Die Beendigungen der Leiden sind zu verwirklichen; denn dann wird es keine weiteren Beendigungen geben, die zu verwirklichen sind. Die Pfade sind zu üben; denn dann wird es keine weiteren Pfade geben, die zu üben sind.*«
>
> BUDDHA ŚĀKYAMUNI, Rede von den Vier Wahrheiten

Bewußtseinsobjekte gehören zu einer von zwei Seiten der Wirklichkeit: zu der Seite, die völlig mit *leidverursachenden Emotionen* (Leidenschaften wie Begierde, Haß und Verblendung) verbunden ist, oder zu der Seite der vollständigen Läuterung. Die erste Kategorie besteht in den befleckten *Phänomenen; das heißt* den Phänomenen, die mit befleckten Geisteszuständen wie Verblendung, Begierde, Haß und so weiter in Verbindung stehen. Sie sind zu überwinden; denn sie sind für jedes Individuum unerwünscht und bilden die Seite der wahren Leiden. Schon wenn wir an Leiden denken oder nur von ihnen hören, entstehen in uns unmittelbar Ablehnung und Unbehagen. Und nicht nur für uns Menschen, sondern für alle fühlenden Wesen, selbst für die unscheinbarsten Tiere, sind sie etwas Unerwünschtes.

Die Phänomene auf der Seite der vollständigen Läuterung sind solche, die nicht mit verblendeten Geisteszuständen in Verbindung stehen. Sie sind die Mittel, die Überwindung der leidverursachenden Faktoren bewirken, oder die Resultate, die durch einen solchen Pfad erlangt werden. Sie sind die Ursachen und Ergebnisse auf dem Weg zum dauerhaften Glück der *Befreiung*.

Die Wahrheit vom Leiden

Die befleckte, mit leidverursachenden Emotionen verbundene Seite des Daseins zerfällt wiederum in zwei Teile. Einige der unerwünschten Phänomene sind Ursachen, andere sind Wirkungen. Die Wirkungen sind die Wahren Leiden; sie bilden die erste der Vier Wahrheiten der Heiligen. Ihre Ursachen machen die zweite der Vier Wahrheiten aus, sie sind der Wahre Ursprung des Leids.

Es gibt unterschiedlich subtile Ebenen des Leids. Die grobe Ebene des Leids ist uns allen bekannt, unabhängig davon, ob wir ihren tieferen Ursprung begreifen, und deshalb bezeichnen wir sie auch als Leid oder Schmerz. In der Lehre des Buddha wird sie denn auch Leid des Schmerzes genannt. Dieses Leid kann sowohl geistiger wie körperlicher Natur sein. Wir können uns seelisch sehr unglücklich fühlen, und ebenso können uns leidvolle körperliche Empfindungen plagen. Manchmal ist der Schmerz sehr heftig, manchmal bereitet uns nur das schlechte Wetter oder ein Mückenstich Unbehagen. All dies sind Wahre Leiden, und sie gehören zum Leid des Schmerzes. Jedes Wesen, auch ein Tier, erkennt diese Leiden als Leid. Sicher weiß das Tier nicht sehr viel darüber, welche Ursachen für sein Leid verantwortlich sind. Aber selbst das Tier ist sich bewußt, daß in dem

Moment des Zusammentreffens mit dieser groben Form des Leids eine ganz und gar unerwünschte Situation eintritt, die es um jeden Preis von sich abwenden möchte.

Ein kleiner Vogel wird unmittelbar die Flucht ergreifen, wenn sich ihm ein unbekannter Mensch nähert. Wenn jedoch ein vertrauter Mensch kommt, der ihm regelmäßig Futter gibt, dann ist er diesem zugeneigt, er ist zutraulich und hüpft herbei. Bei der unbekannten Person fürchtet sich der Vogel davor, daß ihm ein Leid angetan und er vielleicht geschlagen oder gar getötet wird. Das Leid, vor dem er Angst hat, ist ihm eine allzu bekannte und deutliche Erfahrung; er setzt alles daran, sie zu vermeiden.

Eine subtilere Ebene des Leids ist das Leid des Wandels. Tatsächlich handelt es sich bei diesem Leid um das, was wir gewöhnlich in der Welt für erstrebenswertes Glück halten. Bei genauerer Untersuchung mit den Mitteln des Dharma stellt man jedoch fest, daß dieses Glück nicht in jeder Hinsicht Glück ist, sondern viele nachteilige Aspekte in sich birgt. Dementsprechend wird es auch beflecktes Glück genannt. Dazu ein Beispiel.

Ein Schüler, der kurz vor der Abschlußprüfung steht und nun Anstrengungen macht, der Klassenbeste zu werden, beurteilt das ersehnte Gefühl, die »Nummer eins« zu sein, zuerst ganz eindeutig als ein echtes und stabiles Glück. Nehmen wir an, er erzielt tatsächlich auf allen Prüfungsgebieten die beste Note. Wird er dann völlig zufrieden sein? Sicher nicht; denn der erreichte Glückszustand verändert sich sehr bald wieder. Am Tag, an dem die Prüfungsergebnisse bekanntgegeben werden, erlebt er zwar noch ein außerordentliches Glücksgefühl. Aber schon am nächsten oder übernächsten Tag kann dieses Hochgefühl neuen Sorgen Platz machen. Mit dem Erreichen der besten Note ist ein Entwicklungsstadium abgeschlossen, und er spürt, daß nun etwas Neues an die Stelle treten muß. Es wird ihm bewußt, daß das Erreichte nur vorübergehend ist und bei weitem nicht ausreicht, alle Ansprüche zu erfüllen, die er an das Leben stellt. Daher muß er sich wieder für neue Vorhaben anstrengen. Jetzt muß er sich vielleicht darüber Sorgen machen, ob er einen angemessenen Studien- oder Arbeitsplatz bekommt und damit die gesellschaftliche Stellung erreichen kann, die dem ausgezeichneten Schulabschluß entspricht. So ist der beste Schulabschluß nicht das dauerhafte, echte Glück, daß es noch zu sein schien, als er vor Freude außer sich war und nicht schnell genug nach Hause kommen konnte, um die glückliche Botschaft zu verkünden. Die Freude ist nur kurzlebig; sie verändert sich unweigerlich wieder und wird allmählich vergehen.

Auch bei den Eltern wird beim ersten Hören der guten Nachricht eine überwältigende Freude entstehen. Sie werden das geliebte Kind vor Freude umarmen und küssen und ein Fest feiern. Doch auch ihr Glück dauert nicht; schon in den nächsten Tagen wird es sich wandeln und bald wieder vergehen. Denn auch die Eltern werden sich um die weitere Zukunft des Kindes sorgen. So müssen sie etwa darum bangen, ob es eine angemessene Ausbildungs- oder Arbeitsstelle finden wird, und auch um die finanzielle Absicherung des Kindes werden sie sich viele sorgenvolle Gedanken machen.

Wenn das Kind eines Tages eine gute Arbeitsstelle findet, entsteht bei ihm selbst und bei seinen Angehörigen und Bekannten wieder das gleiche euphorische Glücksgefühl. Doch wenn dann die erhoffte Arbeit tatsächlich beginnt und Tag für Tag in der Praxis getan werden muß, trifft es auf viele unbekannte Situationen,

18

die ihm Schwierigkeiten bereiten und zu einer Fülle von neuen Sorgen führen. So nimmt das zuerst erlebte Glück, die ersehnte Arbeitsstelle gefunden zu haben, allmählich mehr und mehr ab.

Ein anderes Beispiel: Bevor man zur Urlaubsreise abfährt und noch die Vorbereitungen trifft, freut man sich ganz gewaltig auf den bevorstehenden Urlaub. Wenn man am Urlaubsziel angekommen ist, ist es zuerst vielleicht immer noch faszinierend. Doch bald trifft man wieder Situationen, die einen mißmutig stimmen. Vielleicht ist die Sonne zu heiß, und man holt sich einen Sonnenbrand. Oder die kostbaren Urlaubstage verregnen. Vielleicht gibt es etwas am Essen auszusetzen. Oder man muß mit unangenehmen Leuten zusammenleben.

Wir können unendlich viele solcher Beispiele beobachten – ja, wir wissen aus eigener Erfahrung, daß unser ganzes Leben so vorübergeht. Daraus können wir entnehmen: Was wir unbedacht als echtes Glück und Wohlergehen ansehen, ist in Wirklichkeit ganz und gar kein dauerhaftes und verläßliches Glück. Das Wohlergehen, das wir gewöhnlich kennen, ist immer von einer solchen Beschaffenheit, daß es sich zwangsläufig wieder in eine neue Situation des Unbefriedigtseins wandeln muß: Es wird erklärt, daß solches Glück von der Benennung her zwar Glück ist, von seinen eigentlichen Wesensmerkmalen her jedoch Leid. Von der Benennung her ist es Glück; es entsteht nämlich dadurch, daß ein zuvor erfahrenes Leid nachläßt und diese kurzweilige Erholung von stärkerem Leid uns echtes Glück zu sein scheint. Betrachtet man jedoch die Wesensmerkmale dieses Schein-Glücks, so muß es als echtes Leid bezeichnet werden. Als vernunftbegabte Menschen können wir diese Tatsache selbst bestätigen. Daher heißen die vorübergehenden Glücksempfindungen in der Buddhalehre »Leid des Wandels«.

All diese verschiedenen Arten von Leid sind tatsächliche Leiden, ob es sich nun um das Leid des Schmerzes oder das Leid des Wandels handelt. Wir können das durch unsere unmittelbare Erfahrung bestätigen. Dementsprechend müssen sie auch aus Ursachen entstanden sein, die in Wirklichkeit Leid hervorrufen.

Die Wahrheit von den Ursachen des Leidens

Was sind nun die Ursachen für Leid? Oberflächlich betrachtet, sind es schlechte gesundheitliche Umstände und andere äußere Faktoren. Wir alle führen Leid auf solche äußeren Umstände zurück. Dementsprechend sind wir davon überzeugt, daß wir unsere Leiden auf direktem Wege beseitigen können, indem wir allein die äußeren Umstände beseitigen, die zu ihrem Entstehen beitragen.

Andererseits wissen wir, daß es Leidenssituationen gibt, die wir trotz größter Anstrengungen, die äußeren Umstände zu ändern, nicht verhindern können. Ein Beispiel sei ein Kranker, der trotz bester äußerlicher Bedingungen nicht geheilt werden kann, obwohl er noch jung ist und sich im besten Krankenhaus hervorragende Ärzte mit modernsten Geräten und wirkungsvollsten Medikamenten um ihn bemühen. Solche Begebenheiten sind deutliche Anzeichen dafür, daß Leiden wie Schmerzen, Krankheit und Tod nicht ausschließlich von äußeren Bedingungen abhängig sind.

Wenn die äußeren Umstände allein nicht für das Leid verantwortlich gemacht werden können, stellt sich natürlich die Frage, was an weiteren Ursachen hinzu-

kommt. Der Buddha hat innere Ursachen gezeigt, nämlich Taten *(karma)* und leidverursachende Emotionen
(kleśa), die aus dem Geist der leiderlebenden Person
selbst hervorgegangen sind. Dies ist die Lehre, die uns
der Buddha zusätzlich lehrt, ohne damit die Existenz
äußerer Umstände für Leid verleugnen zu wollen.

Taten und leidverursachende Emotionen sind der
Wahre Ursprung von Leid; ihre Wirkungen sind die
Wahren Leiden. Das sind die beiden ersten der Vier
Wahrheiten der Heiligen.

Man mag nun die Frage stellen, warum im Dharma
äußere Umstände wie ungenügende Gesundheitsfür-
sorge, unzuträgliches Klima oder mangelnde materielle
Lebensumstände nicht ausreichend beschrieben werden,
obwohl diese doch augenscheinlich ganz erheblich zum
Leid beitragen. Die Antwort ist: Es ist nicht die Haupt-
aufgabe des Dharma, diese Seite der Leidensursachen zu
beschreiben; denn daß äußere Begebenheiten zu Leid
führen, ist offensichtlich, und entsprechend besteht unsere hauptsächliche Bemühung ja darin, durch Beeinflus-
sung der äußeren Situation Leid zu beseitigen. Im Gegensatz dazu liegt der Wert des Dharma jedoch darin, daß
unsere Aufmerksamkeit auf die tiefer liegenden und subtileren inneren Ursachen des Leids gelenkt wird. Zum
Vergleich: Wenn jemand die erste Klasse absolviert hat
und dann in die zweite gekommen ist, hat er auch kein
besonderes Interesse mehr daran, den bekannten Stoff
der ersten Klasse nochmals zu studieren, und ebensowenig sieht der Lehrer einen Sinn darin, das schon Gelernte
nochmals zu erklären.

Verunreinigte Taten und leidverursachende Emotionen sind also unsere Leidverursacher auf einer tieferen,
subtileren Ebene; von diesen sind die Leidenschaften

wiederum die Ursachen, die Wurzel der befleckten Handlungen.

Es gibt sehr viele Arten von leidverursachenden Emotionen. Im allgemeinen beschreibt man im Buddhismus sechs *Wurzelleidenschaften* und zwanzig *Nebenleidenschaften*. Diese möchte ich hier nicht im einzelnen erläutern, sondern nur drei nennen, die wiederum die Wurzel der anderen bilden: Begierde, Haß und Verblendung. Auch von diesen dreien ist eine als grundlegend für die anderen zu betrachten: die Verblendung oder Unwissenheit. Die Verblendung bezieht sich auf alle Bewußtseinsobjekte, seien sie innerlich oder äußerlich; sie ist das Nicht-Erkennen der endgültigen Seinsweise der Bewußtseinsobjekte. Diese Verblendung im Hinblick auf die eigentliche Seinsweise der Dinge besteht deshalb, weil unser Bewußtsein nicht schon von Natur her geschult und all-erkennend ist.

In welcher Weise sind wir verblendet? Alle Phänomene sind abhängig entstanden. Nur in Abhängigkeit von anderen Phänomenen existieren sie; nur auf anderen Phänomenen beruhend, können sie ihre jeweilige nützliche oder schädliche Funktion ausüben. Das ist im wesentlichen die Bedeutung des Gesetzes des Abhängigen Entstehens; und es ist richtig, wenn heute auf den verschiedensten Gebieten, so auch von vielen Wissenschaften, darauf hingewiesen wird, daß ein jedes Ding von vielen anderen Faktoren abhängig ist. Alle äußeren Dinge und alle inneren Phänomene, wie das Ich und das Du, existieren auf diese Weise; die Abhängigkeit von anderen Faktoren ist ihr Wesen, die Art ihres Seins.

Um dies zu veranschaulichen, können wir das Beispiel einer schönen Blume betrachten. Erinnern wir uns an eine Gelegenheit, da wir einen solchen attraktiven Gegenstand überraschend vor uns sahen und er uns mit seiner Schönheit unmittelbar in Entzücken versetzte. In einem solchen Augenblick denken wir sogleich: »Oh, welch ein wunderschöner Blumenstrauß dort aufgestellt wurde! Welch ein schöner Anblick!« Wenn wir diesen Bewußtseinszustand im Nachhinein einmal genauer untersuchen, stellen wir fest, daß die Art, wie der Gegenstand EXISTIERT, und die Art, wie er uns ERSCHEINT, nicht übereinstimmen. Denn die SEINSWEISE des Blumenstraußes ist so, daß er von vielen Ursachen und Umständen abhängig ist. Doch wenn wir ohne weitere Überlegung im Zustand der Bewunderung »Welch ein wunderschöner Blumenstrauß!« denken, entspricht die ERSCHEINUNGSWEISE ganz und gar nicht der abhängigen Wirklichkeit der Blume. Sie erscheint uns nicht als eine Blume, die von den vielen Ursachen und Bedingungen für ihr Wachstum und den Mühen etwa des Gärtners und des Blumenhändlers sowie von ihren vielen Teilen und Aspekten wie Farbe, Gestalt, Geruch und dergleichen abhängig ist. Im Moment des plötzlichen Entzückens sind wir uns dieser Abhängigkeit nicht im geringsten bewußt.

Wie erscheint uns die Blume in dem Augenblick, in dem wir uns freuen und denken: »Welch eine schöne Blume!«? Sie erscheint uns als etwas *inhärent Existentes*, das heißt als ein Gegenstand, der die Eigenschaft, in unserem Geist Freude hervorrufen zu können, inhärent, also ganz unabhängig von anderen Faktoren, in sich trägt. Es erscheint uns so, als beruhte dieses Ding, das uns Freude macht, auf nichts anderem, sondern existierte ganz aus sich selbst. Gleichzeitig haben wir auch schon unser Urteil über die Bestehensweise der Blume entsprechend gefällt: Wir gehen bei allem, was wir in der Folge bezüglich der Blume denken und tun, davon aus, daß sie genauso unabhängig und in-sich als etwas Begehrenswertes existiert, wie sie uns erscheint. Wir ziehen gar nicht in Betracht, daß unsere vorgefaßte Art, wie wir die Blume sehen, nicht der Wirklichkeit gemäß sein könnte.

Die Erscheinungsweise der Blume und unser Urteil, das wir gleichzeitig über ihre Bestehensweise fällen, haben nichts mit der eigentlichen, abhängigen Natur der Blume zu tun. Sie sind eine Erscheinungsweise und eine Beurteilung von Nicht-Abhängigkeit des Objekts. Alle inneren und äußeren Phänomene erscheinen uns auf diese Weise und werden von uns so beurteilt. Wir denken: »Dort ist der Hörsaal, in dem ein Vortrag stattfinden wird, den ich mir anhören will.« Wenn wir so denken, scheinen der große Vortragssaal und der Vortrag, der verspricht, interessant zu werden, aus sich bestehende, von gar keinen anderen Faktoren abhängige Interessenobjekte zu sein.

Der von nichts anderem abhängige Hörsaal, der unserer Wahrnehmung erscheint und von uns ALS WAHR beurteilt wird, ist das ZU VERNEINENDE SELBST des Vortragssaales. Mit anderen Worten: Würde er so existieren, wie er erscheint, dann würde er mit einem Selbst existieren, das logisch jedoch nicht haltbar ist und von seiner abhängigen Existenzweise ausgeschlossen wird. Existiert der Hörsaal nicht so unabhängig, wie es scheint – und man kann leicht feststellen, daß er das tatsächlich nicht tut –, so folgt daraus, daß die unbedachte Vorstellung einer unabhängigen Entität des Saales falsch sein muß und folglich das Objekt unserer Vorstellung NICHT WAHR ist. Die abhängige Seinsweise eines Gegenstandes schließt also seine *wahre Existenz* aus. Wir glauben an ein *Selbst* des Phänomens, aber seine eigentliche Natur ist die *Selbstlosigkeit*.

24

Diese grundlegende Unwissenheit, die eine unabhängige, inhärente Entität in die Dinge hineinlegt und es einem nicht erlaubt, ihre eigentliche Wirklichkeit zu erkennen, führt zwangsläufig dazu, daß gegenüber Dingen, die man in-sich attraktiv findet, Begierde entsteht, und daß man auf die Dinge, die man als inhärent unangenehm wahrnimmt, mit Aversion, Haß und Wut reagiert.

Sobald leidverursachende Emotionen wie Begierde, Haß und Verblendung im Geist entstehen, hinterlassen sie auch ihre Nachwirkungen im Geist. Diese Veranlagungen, die durch das Auftreten der verblendeten Emotionen im Geist verursacht werden, können später Leid hervorrufen, wenn sie mit den dafür geeigneten äußeren, für uns sichtbaren Bedingungen in Berührung kommen.

Wenn unser Körper von einer Nadel gestochen wird, entsteht eine leidhafte Empfindung. Das Leid kommt unter anderem dadurch zustande, daß wir die Veranlagung dazu schon in unserem Bewußtsein tragen und darüber hinaus einen Körper besitzen, der mit diesem Bewußtsein verbunden ist und somit eine Grundlage für die Erfahrung von Leid bildet. Dazu kommt als äußerer Umstand natürlich noch der verletzende Gegenstand, auf den wir mit unserem inneren Potential zur Leidenserfahrung treffen. Ein äußeres, lebloses Ding, das nicht mit solchen Veranlagungen verbunden ist, wie ein Stück Holz, ein Stein oder Klumpen Erde, kann noch so sehr gestochen werden – es wird ihm dadurch kein Leid entstehen. Es hat kein Bewußtsein und keine Veranlagungen für Leid, wie sie in unserem Bewußtsein vorhanden sind. Letztlich sind es die von uns selbst durch unsere Denk- und Handlungsweisen gesetzten Veranlagungen in unserem eigenen Bewußtsein, die unser Leid verursachen.

Die Wirkungen, also die Leiden selbst, werden von uns

nicht gewünscht. Dies bedeutet aber weiter, daß ihre Ursachen ebensowenig erwünscht sind und es daher angemessen ist, sich um die Beseitigung dieser Ursachen nach besten Kräften zu bemühen, ja, sie schließlich ganz und gar zu beenden.

Die Wahrheit von der Beendigung des Leidens

Das wirft natürlich die Frage auf, ob es überhaupt Mittel gibt, um diese befleckten Ursachen und Wirkungen vollständig zu vernichten. Die Antwort des Buddhadharma ist, daß es die geeigneten Mittel tatsächlich gibt. Die Begründung dafür ist: Die unerwünschten Ursachen und Wirkungen entstehen in einem ganz bestimmten, real existierenden Kausalzusammenhang. Sie entstehen weder aus dem Nichts, noch aus unbestimmten Ursachen, noch aus unabwendbaren Ursachen, sondern sie gehen letztlich auf einen fehlerhaften, getäuschten Geisteszustand zurück. Dieser ist die Wurzel alles Leidhaften. Das bedeutet aber auch, daß man die Mittel zur Leidbeseitigung erhält, sobald man sich daran macht, die grundlegende Täuschung zu durchschauen und das Denken in die gegenteilige, fehlerfreie und heilsame Richtung zu entwickeln.

Man kann also festhalten: Es gibt sicher viele Stufen und Verkettungen von Ursachen und Wirkungen innerhalb der Wahren Leiden und ihres Wahren Ursprungs. Trotzdem hat diese lange Kette aus vielen Ursachen und Wirkungen letztlich einen einzigen Ausgangspunkt: den fehlerhaften Geisteszustand, der die Wirklichkeit verkennt. Das Gegenteil dieser Unwissenheit und Verblendung ist die analytische Weisheit, die in der Lage ist, die Wirklichkeit korrekt zu erkennen und zu beurteilen.

Sobald man sich also daran macht, dem verblendeten Bewußtsein mehr und mehr ein solches Bewußtsein entgegenzusetzen, das sich durch diese Weisheit auszeichnet, und beginnt, einen damit zusammenhängenden, spirituellen Pfad zu üben, wird man beginnen, diese ganze Kette von befleckten, unerwünschten Ursachen und Wirkungen an ihrer Wurzel zu beseitigen. Der Aspekt des vollständig geläuterten Bewußtseins, frei von allen leidverursachenden Befleckungen zu sein, ist die Wahre Beendigung des Leidens. Der ununterbrochene Strom verunreinigter *körperlicher und geistiger Aggregate*, der außerhalb unserer eigenen Kontrolle liegt und ganz und gar von der Macht unserer Taten und verblendeten Emotionen bestimmt wird, ist damit endgültig beendet. Das ist das endgültige Glück der Befreiung.

Die Wahrheit vom Pfad

Wir unterliegen also grundsätzlich der Verblendung, daß wir den Dingen ein unabhängiges, inhärentes Sein, ein Selbst zuschreiben. Diese Verblendung ist die Wurzel allen Leids. Deshalb sagt die Lehre des Buddha uns, daß alle Phänomene leer und ohne Selbst sind und daß die Weisheit, die diese Selbstlosigkeit begreift, das effektivste und tiefgreifendste Mittel ist, um Leid zu vernichten. Dieses wirkungsvolle Mittel kann jedoch nur schrittweise entwickelt werden. Zuerst verschafft man sich ein korrektes begriffliches Verständnis von der Bedeutung der Selbstlosigkeit, indem man darüber Erklärungen hört und studiert. Dieses Verständnis vom Lernen verbessert man durch das wiederholte, argumentative Nachdenken, bis sich eine unumstößliche Erkenntnis entwickelt. Wenn man dazu noch eine stabile meditative Konzentration entwickelt und nun das erlangte Verständnis und die meditative Konzentration miteinander verbindet, so hat man mit diesem fortlaufenden Training des Geistes das verläßliche Mittel zur Verfügung, um Leiden von Grund auf zu beseitigen. Ein Bewußtsein, das auf diesem Wege die Erkenntnisse und Tugenden, die zur Befreiung führen, in sich entwickelt, ist ein Wahrer Pfad.

Die Wahren Beendigungen von Leid und die Wahren Pfade, die dorthin führen, bilden die dritte und die vierte der Vier Wahrheiten der Heiligen. Sie sind Wirkung und Ursache auf der Seite der vollständigen Läuterung.

Die Weisheit, die durch diese Meditation oder Geistesschulung gewonnen wird, trägt in den verschiedenen buddhistischen Systemen und Traditionen unterschiedliche Namen. Man nennt sie die Weisheit, die die Selbstlosigkeit erkennt, oder die Weisheit, die die *Leerheit* erkennt, man nennt sie das Große Siegel *(mahāmudrā)* oder die Große Vollendung (tib.: *rdzogs chen,* sprich »Dsog-tschen«). Dies sind aber letztlich nur unterschiedliche Bezeichnungen für dieselbe Sache: ein Verständnis, das mit der letztgültigen Wirklichkeit aller Bewußtseinsobjekte verbunden ist. Die Bezeichnungsweise ist gleichgültig, solange es sich nur um eine Denkweise handelt, die im Einklang mit der Wirklichkeit ist und somit zur echten Überwindung von Begierde, Haß und Verblendung dient.

Die Beseitigung von Leid und seiner Ursachen ist eine Arbeit, die vom Denken, von unserem Bewußtsein selbst geleistet werden muß; es ist keine Aufgabe, die man durch bloße Worte lösen kann. Manche Menschen entwickeln den Wunsch, sich zum Nachdenken und zur Meditation zurückzuziehen, wenn sie im Leben auf Schwierigkeiten treffen . Sie meditieren, weil sie die unerwünschten Leiden von ihren inneren Ursachen her bekämpfen wollen, und sie wissen, daß Meditation vom Denken geleistet wird. Wenn Leid dagegen durch bloße Worte beseitigt werden könnte, würde es reichen, viel zu reden und ständig Versammlungen und Diskussionen zu veranstalten.

Die Einübung einer korrekten Sicht der Wirklichkeit mit Hilfe der ungeteilten Anwendung von Hören, Nachdenken und Meditation ist der Wahre Pfad. Mit dem Hören oder Lernen wird die Grundlage für das Nachdenken gelegt; das korrekte Nachdenken über das Gelernte ist die Basis für die Meditation, in der man dann eine Festigung des Geistes entwickelt. Wenn man den Geist auf diese Weise trainiert, indem man Lernen, Nachdenken und Meditation in der richtigen Reihenfolge anwendet und miteinander verflicht, ohne das eine oder das andere zu vernachlässigen, hat man tatsächlich Mittel in der Hand, die die Begierde, den Haß und die Verblendung im eigenen Geist allmählich verringern und dadurch auch die unerwünschten Leiden und Schwierigkeiten, von denen man unaufhörlich geplagt wird, mehr und mehr beseitigen. Ohne diese ganzheitliche Schulung des Geistes wird die Meditation wenig Früchte tragen – wie oft wir auch behaupten mögen, daß wir intensiv meditieren, oder wie lange wir auch mit gekreuzten Beinen aufrecht auf unserem Meditationskissen sitzen mögen.

Manchmal wird Meditation auch als bloße Entspannung mißverstanden, aber eine solche Meditation kann kaum ein wirksames Mittel gegen die Leidenschaften des Geistes sein.

Die Schulung des Geistes mit Hilfe der ungeteilten Anwendung von Hören, Nachdenken und Meditation ist eine langfristige Bemühung. Es heißt in den Schriften, daß man drei Lebenszeiten benötigt, um die Erleuchtung eines *Hörers (śrāvaka)* im *Kleinen Fahrzeug (hīnayāna)* zu erlangen. Noch länger dauert es, über den Weg eines Bodhisattva die Große Erleuchtung des *Großen Fahrzeugs (mahāyāna)* zu erreichen. Denn im Geist müssen sehr viele günstige Umstände entwickelt werden, die die wesentliche Meditation unterstützen und fördern. Um etwa die Erleuchtung eines Hörers zu erlangen, muß man als grundlegende Motivation die reine Absicht entwickeln, sich endgültig aus dem *Daseinskreislauf (saṃsāra)* zu befreien. Man muß die Drei Höheren Schulungen von Ethik, Sammlung und Weisheit ausüben, wobei die Schulung reinen ethischen Verhaltens die unerläßliche Grundlage des gesamten Pfades ist. Dies bedeutet, daß man zumindest die Disziplin, die *Zehn Unheilsamen Handlungen* aufzugeben, und die Anweisungen, die mit der Zufluchtnahme verbunden sind, gut einhält. Die Disziplin des Aufgebens der Zehn Unheilsamen Handlungen – also die Übung der *Zehn Heilsamen Handlungen* – ist außerordentlich wichtig, wenn man irgendeinen Fortschritt in der geistigen Entwicklung machen will. Auf dem Bodhisattva-Pfad muß der Geist zusätzlich mittels der *Sieben Meditationsanweisungen über Ursache und Wirkung* und mittels anderer Denkweisen geschult werden, um das altruistische Streben nach Erleuchtung *(Erleuchtungsgeist, bodhicitta)* zu entwickeln. Mit dieser Geisteshaltung, aus uneigennützigen Motiven die Vollkommene Erleuchtung eines Buddha erlangen zu wollen, müssen die unendlich vielen und mannigfaltigen Bodhisattva-Handlungen geübt werden, wie sie in den *Sechs Vollkommenheiten* enthalten sind. Über diesen Pfad wird gelehrt, daß er drei Perioden von jeweils unzähligen

Zeitaltern lang dauert. Wenn es manchmal heißt, daß es möglich ist, diese Schulung schon in einem Menschenleben zu vollenden und die Erleuchtung eines Buddha zu erlangen, so bezieht sich das auf ganz bestimmte, wenige Ausnahmefälle.

Grundlagen der Geistesschulung

Bemühe dich zuerst um die Beseitigung der stärksten Leidenschaft.

Gesche Tschekawa, Geistesschulung in sieben Abschnitten

Dharma ist das beste Mittel, um den höchsten Sinn des Menschenlebens zu erfüllen; Dharma ist das eigentliche Betätigungsfeld für denjenigen, der das Beste, was im menschlichen Leben möglich ist, praktizieren möchte. Es ist dabei allerdings nicht zu erwarten, daß man tiefgreifende Veränderungen schon in ganz kurzer Zeit erzielt. Wir wissen, daß schon eine körperliche Krankheit, etwa eine chronische Krankheit, an der man über längere Zeit leidet, mit medizinischen Mitteln nicht so einfach zu beseitigen ist. Die Heilung erfordert eine stetige Behandlung über längere Zeit.

Durchschaue die Unwissenheit

Ähnlich wie wir an einer chronischen Krankheit leiden können, leiden wir an einem Fehler unseres Bewußtseins. Es handelt sich um die Unwissenheit unseres Geistes. Unwissenheit begleitet uns schon seit undenklichen Zeiten als Trübung unseres Bewußtseins. Unser gesamtes Bewußtsein ist unter ihrem Einfluß fehlerhaft geworden, wodurch wir uns negative Denkweisen angewöhnt und schlechte Veranlagungen angenommen haben. Wo immer falsche Erkenntnis vorkommt, wirkt sich diese Unwissenheit aus. Sie verhindert das Sehen der eigentlichen Wirklichkeit. Sie trübt unseren Blick, so daß wir nicht sehen, was uns langfristig eigentliches Wohlergehen bringt. Statt dessen führt die Unwissenheit in unserem Geist dazu, daß wir an den Dingen hängen, die uns kurzfristig Annehmlichkeiten und Wohlergehen vorgaukeln. Dieses Haften an den zeitweiligen Annehmlichkeiten wirkt in den verschiedensten Bereichen: Wir möchten im Leben mit den Augen möglichst attraktive Formen und Farben sehen, mit den Ohren möglichst Angenehmes hören, in der Gesellschaft Ansehen genießen, eine möglichst einflußreiche Position erlangen und großen materiellen Reichtum unser eigen nennen. Dieses Streben ist eine Auswirkung der grundlegenden Unwissenheit und des Verlangens, das durch sie entsteht.

Erkenne die umfassende Trübung

Wenn nun nur ein einziger Mensch so denken und danach handeln würde, wäre es sicher nicht schlimm. Unsere Welt im ganzen würde darunter kaum Schaden leiden. Aber auf der Welt gibt es viele Millionen Menschen. Sie haben die gleichen Gedanken. Sie streben diese kurzfristigen Annehmlichkeiten als das Wichtigste in ihrem Leben an. So denkt jeder zuerst an sich. Unser Denken ist selbstbezogen. Wir möchten das erreichen, was uns selbst Wohlergehen bringt. So tritt die Eigennützigkeit, die Selbstsucht, in unser Leben, und wenn jeder selbstsüchtig denkt, gibt es zwangsläufig Konflikte zwischen einzelnen Menschen, zwischen Gesellschaftsgruppen und zwischen ganzen Ländern. Es kommt im kleinen Rahmen zu Streitigkeiten und im großen zu Kriegen.

In Büchern werden viele Dinge geschrieben, die sich gut anhören: Etwa wie gut Altruismus ist und wie wichtig es ist, den anderen zu helfen und Nächstenliebe zu üben. Wir mögen viel schreiben, wie wichtig es ist, den Frieden auf der Welt zu erreichen. Aber selbst wenn wir ganze Büchereien damit anfüllen – solange diese Aussagen nur in den Büchern bleiben, haben sie noch keinen echten Effekt. Denn die Wurzeln der Probleme und Schwierigkeiten auf der Welt sind im Geist der Menschen zu finden, sicher nicht auf dem Papier. Wir gehen nicht daran, unser Bewußtsein zu ändern und die Fehler im eigenen Geist zu beseitigen. Statt dessen machen wir schöne Worte über Mitgefühl, Altruismus und Frieden auf der Welt. Aber solange wir unser Denken nicht wandeln, sind diese Worte nur wie Abbilder der wahren Qualitäten, die keine Auswirkungen in der Wirklichkeit nach sich ziehen.

Oft gehen Menschen auf die Straße und protestieren; sie demonstrieren für den Frieden und dafür, daß die Menschen sich besser verstehen und besser miteinander auskommen. Das ist an sich sehr lobenswert. Doch schaut man in den eigenen Geist, so stellt man fest, daß man doch nur wieder an sich selbst denkt und seine eigenen Ziele verfolgt.

Schule den Geist schrittweise

Im Buddhadharma wie in anderen Religionen gibt es tatsächlich hervorragende Mittel, um die grundlegenden Fehler des Geistes, die die Wurzel der Schwierigkeiten sind, zu beseitigen und dadurch das eigene Bewußtsein zum Positiven zu verändern. Doch diese Anweisungen werden leider oft als etwas angesehen, das nur für die Einfältigen mit blindem Glauben taugt, die ein wenig dumm sind und sich keine eigenen kritischen Gedanken bilden können. Dann werden die hervorragendsten Anweisungen ins Bücherregal gestellt, und kaum jemand beachtet sie weiter.

Auch das Christentum betont sehr stark die Maxime, den Nächsten zu lieben, mit anderen Mitleid zu empfinden und ihnen liebevolle Zuneigung entgegenzubringen. Vor allem heißt es dort, man solle sich dem Mitmenschen gegenüber mehr in Geduld, Toleranz und Verzeihen üben. So lautet etwa eine Anweisung in der Bibel: »Wenn dir jemand auf die eine Wange schlägt, halte ihm auch die andere hin.« Das ist ohne jeden Zweifel eine äußerst gute und segensreiche Anweisung. Auf der anderen Seite mögen wir uns einmal fragen, wieviel Menschen es gibt, die diese Forderung so in sich verwirklicht haben, daß sie tatsächlich danach leben – selbst unter denjenigen, die sich als religiöse, ihre Lehre praktizierende Menschen bezeichnen. Wieviele gibt es unter diesen, die im Leben Schwierigkeiten und Ärgernisse tatsächlich mit Geduld ertragen können?

Es gibt nur wenige Menschen, die so denken und so handeln. Das liegt daran, daß die Anweisungen der Religionen zuerst nur in den Büchern stecken. Die Bücher befinden sich dann gleichsam auf der einen Seite, und auf der anderen Seite befindet sich der eigene Geist, der in den verschiedenen angenehmen und unangenehmen Situationen automatisch unter den Einfluß der in ihm wirksamen negativen Faktoren gerät. So bleiben die Anweisungen und der eigene Geist weit voneinander entfernt.

Die fehlerhaften Faktoren in unserem Denken sind die eigentlichen Ursachen dafür, daß es uns an Selbstbestimmung bezüglich unseres Daseins mangelt und wir immer wieder in unangenehme Situationen geraten. Auch wenn wir nur dieses Leben betrachten und einmal unberücksichtigt lassen, was am Lebensende auf uns zukommt, was wir nach dem Tode erfahren und wie sich dann die von uns angesammelten Handlungen auswirken werden: Selbst in diesem Leben haben wir an jedem Tag Schwierigkeiten zu erleben, Problem folgt auf Problem. Wir befinden uns augenscheinlich in einem Kreislauf von immer neuen Schwierigkeiten.

Das liegt in der Wurzel daran, daß die falschen Denkweisen in unserem Bewußtsein so viel Macht haben. Daher sollte jemand, der wirklich Frieden erreichen will, dem es wirklich am Herzen liegt, Harmonie unter den Menschen zu schaffen, zuerst darangehen, seinen eigenen Geist zu verändern und die guten Eigenschaften, wie sie in der Religion erklärt werden, auch in sich selbst hervorzubringen.

Dies muß so angegangen werden, daß man den Geist Schritt für Schritt schult, wobei man mit einfacheren Dingen beginnt. Man übt sich zuerst darin, kleinere Schwierigkeiten zu ertragen, sie zu erdulden und anzunehmen; und wenn man darin einige Übung hat und eine gewisse Vertrautheit damit besitzt, wird es einem allmählich auch gelingen, größere Schwierigkeiten willig auf sich zu nehmen.

Im Umgang mit anderen Menschen kommt zwangsläufig immer wieder vor, daß einem nicht gefällt, was der andere macht, daß der andere etwas Falsches tut, daß man sich verletzt oder ungerecht behandelt fühlt. Solche geringfügigen Anlässe für Ärger sollte man als Gelegenheit nutzen, Ertragen und Toleranz zu üben. Man sollte versuchen, nicht mit Ärger und Wut darauf zu reagieren. Man sollte dem anderen als Reaktion keinen Schaden zufügen.

Wenn man sich immer wieder bewußt macht, daß man

selbst im Leben nur Glück will und Leiden keinesfalls erleben möchte und daß der andere genauso fühlt, dann kommt eine Stärke im Geist auf, mit der man all die Probleme, die im Umgang mit anderen entstehen, geduldig hinnehmen kann, ohne die innere Ruhe und positive Einstellung zu verlieren.

Entwickle freudiges Bemühen

Das Training des Geistes zur Aneignung solcher heilsamen Eigenschaften ist die eigentliche Bedeutung von Meditation. Es reicht für die Meditation nicht aus, den Körper in die richtige Haltung zu bringen. Man muß vielmehr den Geist auf das Objekt der Meditation richten. Eine Voraussetzung dafür ist, daß man mit einer freudigen Geisteshaltung an die Meditation geht. Wenn man die Meditation anfinge, weil die anderen das gleiche tun, oder man sich hinsetzte, weil man nun einmal diesen Weg begonnen hat, wenn man Meditation wie eine unangenehme Pflicht durchführen muß, weil gerade die übliche Zeit gekommen ist, dann wird man mit einer solchen Einstellung für die tägliche Übung nicht sehr weit kommen.

Wie aber kommt man zur Freude an der Meditation? Freude an der Meditation ist in ihrem Wesen nichts anderes als die freudige Tatkraft in bezug auf heilsame Handlungen. Vor allem ist es diese freudige Anstrengung, die man im Geist entwickeln muß. Den Weg dazu erklärt Maitreya in seinem Werk *Unterscheidung der Mitte und der Extreme*. Dort erwähnt er:

...die Grundlage und das, was auf dieser beruht, eine Ursache und eine Wirkung.

Er beschreibt damit vier Eigenschaften, die mit der freudigen Tatkraft in der Meditation zusammenhängen.

Die GRUNDLAGE, die Maitreya erwähnt, ist das Anstreben, das heißt der Wunsch, Meditation auszuüben. Solches Anstreben ist die Grundlage für die Tatkraft. Es bedeutet nicht, daß man sich für ein Objekt nur interessiert, weil man irgend etwas daran schätzt oder bewundert. Es geht darüber hinaus: Man selbst strebt nach dem Objekt und möchte es sich zu eigen machen. Ein solches Anstreben ist die Grundlage dafür, daß man sich bei heilsamen Übungen mit Freude bemüht, sein Ziel zu erreichen. Die Tatkraft ist DAS, WAS AUF ANSTREBEN BERUHT, wie Maitreya sagt.

Ferner spricht Maitreya von einer URSACHE. Dies bezieht sich auf die Ursache für das Anstreben, welche Vertrauen ist. Dieses Vertrauen entsteht, wenn man den Nutzen des Ziels erkennt. Dessen Nutzen muß man wiederholt bedenken und sich seine Vorteile klar bewußt machen. Dann entsteht ganz natürlich aus dem Vertrauen das Anstreben; in diesem Fall ist das der Wunsch, Meditation zu üben. Nehmen wir das Beispiel der konzentrativen, stabilisierenden Meditation. Erst mit einer festen Überzeugung vom Wert dieser Meditation kann man auch die Schwierigkeiten, die während der Übung auftreten werden, überwinden und die Meditation zu Ende bringen. Deshalb denkt man sich: Wenn man diese Schulung der Konzentration beginnt und sie kontinuierlich weiter übt, dann erhält man als Resultat einen sehr gefestigten und klaren Geist, den man für alles Heilsame, das man durchführen möchte, benutzen kann. Dieser Geist wird dann sehr gefügig und beweglich sein, um sich höhere Tugenden anzueignen.

Durch solches Bewußtmachen der außerordentlichen

Ergebnisse, die man selbst erreichen kann, wenn man eine bestimmte Meditation übt, entsteht also Vertrauen in diese. Wie groß die Wirkung solcher Überlegungen auf das eigene Denken ist, hängt ganz von einem selbst ab; es hängt nämlich davon ab, wieviel Kenntnis man sich von der Meditation angeeignet hat. Je mehr man darüber gelernt hat, desto deutlicher treten die Vorteile hervor, und desto stärker wird folglich das Vertrauen und das Streben nach dieser Meditation anwachsen.

Man kann auch darüber nachdenken, wieviel heilige Menschen in der Vergangenheit Großes erreicht haben, und daß dies ganz davon abhängig war, daß sie einen gefestigten, gut disziplinierten und hochentwickelten Geist hatten. Das gilt gleichermaßen für die Heiligen im Buddhismus, für heilige Menschen in anderen Religionen und auch für außergewöhnlich edle Menschen ohne erklärte Religion. So sieht man weitere Vorteile, die die Schulung des Geistes mit sich bringt.

Ist das Vertrauen einmal stark genug, so will man die Meditation auch selbst anwenden; es entsteht das Streben danach. Ist das Streben gut entwickelt, dann wird man mit Freude diese Meditation beginnen. Diese Freude an der Meditation ist die Tatkraft, die man braucht.

Wenn wir irgendeine Arbeit planen, von der wir uns etwas versprechen, und wenn alle Werkzeuge und anderen Voraussetzungen für ihr Gelingen endlich vorhanden sind, dann wird sich auch Freude daran entwickeln, diese Arbeit durchzuführen. Diese Freude kann alle Schwierigkeiten und Hindernisse überstrahlen, die während der Arbeit auftauchen. Dadurch verringert sich der Kraftaufwand. Von außen betrachtet sieht man nur einen Menschen, der sich scheinbar sehr abmüht, weil er sehr viel tut. Aber im Innern dieses Menschen gibt es keinerlei

Schwierigkeiten. Die Arbeit fällt ihm überhaupt nicht schwer. Diese innere Mühelosigkeit wird durch die Freude hervorgerufen.

Bei der Meditation ist es ebenso. Wenn man die nötigen Vorbereitungen geschaffen hat, Freude an der Meditation entstanden ist, wenn der Körper sich in der korrekten Haltung befindet, dann hat man alle nötigen Voraussetzungen, um zu meditieren. Der Körper ist in einer angenehmen Position, der Geist in einer guten Verfassung; denn alle Voraussetzungen sind perfekt. In diesem Zustand wird es nicht sehr schwerfallen, die Meditation durchzuführen und den Geist weiterzuentwickeln. Körper und Geist sind sehr willfährig. Diese Gefügigkeit und Flexibilität von Körper und Geist ist die WIRKUNG, die Maitreya in seinem Werk erwähnt.

Das Vertrauen zur Meditation ist die Ursache für das Streben. Dies wiederum ist die GRUNDLAGE für die Tatkraft in bezug auf die Meditation; die Tatkraft ist daher DAS, WAS AUF DER GRUNDLAGE BERUHT. Als WIRKUNG davon stellt sich die Beweglichkeit, die Willfährigkeit von Körper und Geist ein. Das ist die Bedeutung der beiden oben zitierten Zeilen von Maitreya.

Die echte Beweglichkeit von Körper und Geist, die in den Schriften oft beschrieben wird, ist ein Ergebnis der *Geistigen Ruhe (śamatha)*, einer hohen Stufe klarer und einsgerichteter Konzentration; die Beweglichkeit jedoch, die sich schon zu Beginn der Meditation durch die Kraft der Tatkraft einstellen kann, ist der echten Flexibilität in vielen Aspekten ähnlich, und sie unterstützt das Erlangen der Geistigen Ruhe.

Die vier Eigenschaften, die hier angesprochen worden sind – vom Vertrauen bis hin zu der Beweglichkeit – sind vier Gegenmittel, die man entwickelt, um die Trägheit in bezug auf Meditation abzuwenden; denn diese ist eines der Hindernisse, die auftreten.

Finde das Meditationsobjekt

Die Meditation, die man mit Freude beginnt, muß einen bestimmten Inhalt haben. Man unterscheidet verschiedene Kategorien von Meditationsobjekten. Zur Festigung des Geistes gibt es besondere Meditationsobjekte, die man sich persönlich auswählt, um daran die Fähigkeit zu punktförmiger Konzentration zu schulen, und allgemeine Meditationsinhalte, die dazu dienen, gröbere Ebenen der leidverursachenden Emotionen des Geistes zu vermindern. Letztere nennt man »Meditationsobjekte zur Läuterung des [geistigen] Verhaltens«. Die fundamentalen Leidenschaften, die in unserem Geist vorhanden sind, sind Begierde, Haß und Verblendung. Wenn man meditieren will, ist es sehr wesentlich, daß man sich selbst genau betrachtet, die eigene Situation zu beurteilen lernt und sich immer wieder fragt, welche Emotionen vorherrschend sind.

Die Menschen sind unterschiedlich veranlagt. Sind es vielleicht negative Emotionen, die mit Begierde zusammenhängen, sind es solche wie Haß, Wut und Ärger, oder sind es Verblendung oder Unklarheit, die als schlechte Eigenschaft des Geistes am stärksten sind? Treten vielleicht Stolz und Überheblichkeit besonders stark in Erscheinung? Oder stellt man fest, daß diese fehlerhaften Eigenschaften in einem solchen Verhältnis auftreten, daß keine überwiegt? Oder ist der eigene Geist vielleicht frei von solchen negativen Eigenschaften?

Bei der Ausübung von Dharma ist es ausschlaggebend, daß man den eigenen Geist stets überprüft und die Verblendungen des eigenen Geistes feststellt. Mit dem Dharma erhält man die Erklärungen, mit denen man sich darüber ein klares Bild verschaffen kann, und die Gegenmittel, die man anwenden muß, um gegen die negativen, leidverursachenden Aspekte des eigenen Denkens vorzugehen. Man muß sich daher bei der Anwendung von Dharma immer wieder fragen, wie die Lehren, die man erhält, auf die eigene Situation, auf die Erfahrungen, die man mit sich selbst hat, zutreffen, und sich so Klarheit über die Verfassung des eigenen Geistes verschaffen.

Betrachte und vermindere die Begierde

Weiß man, daß Begierde am stärksten ist, dann muß man besonders dagegen Mittel anwenden. Es gibt verschiedene Arten von Begierde. Man fragt sich zum Beispiel: »Ist es das verblendete Verlangen nach einem anderen Menschen, das bei mir vorherrscht, oder ist die Begierde stärker, die sich auf die verschiedenen materiellen Gebrauchsgegenstände richtet?«

Falls etwa die Begierde nach einem anderen Menschen groß ist, dann muß man sich als Gegenmittel die unattraktiven, unangenehmen Aspekte des anderen Menschen, nach dem man so großes Verlangen hat, vor Augen führen. Denn die Begierde wird von dem Gefühl bestimmt, daß man in jeder Hinsicht zufrieden wäre, wenn man nur mit dem Objekt der Begierde zusammen sein könnte. Um diese Verblendung zu vermindern, hilft es, wenn man sich über die unangenehmen Seiten des anderen Menschen Klarheit verschafft.

Hängt man sehr an dem Körper des anderen, so führt man sich vor Augen, daß dieser in seiner Natur viele Unreinheiten birgt. Der Geist muß immer wieder mit diesen unreinen Aspekten konfrontiert werden, damit die falsche Sichtweise der Reinheit, von der die Begierde ausgeht, und das damit verbundene Haften allmählich beseitigt werden.

Im Zustand des Verlangens sieht man keinerlei Schwierigkeiten, die aus der Beziehung mit dem anderen Menschen hervorgehen könnten. In Wirklichkeit aber mag der andere Mensch zwar oft angenehm, nett und lieb sein, aber häufig schafft er auch Unbehagen, wozu der Alltag vielerlei Anlaß gibt. Es gibt immer wieder Meinungsverschiedenheiten. Solche Probleme sollte man sich von Anfang an bewußtmachen. Dadurch wird das verblendete Verlangen automatisch geringer. Darüber hinaus: Wenn sich zwei Menschen auch sehr gern mögen, so können sie doch nicht bestimmen, wie lange sie miteinander zusammen sein können, weil sie sich letztlich unfreiwillig voneinander trennen müssen. Wir haben keine freie Verfügung über unser Dasein: weder über Altern noch über Krankheit, noch über das Sterben, noch über andere Situationen in unserem Leben wie Zusammentreffen und Trennung. Daher sollte man sich denken, daß es ziemlich sinnlos ist, so sehr an dem anderen zu hängen, da man doch nicht frei darüber bestimmen kann, ob man mit ihm zusammenbleibt. Spätestens im Tod ist Trennung unvermeidlich.

Was die Begierde nach materiellen Gegenständen angeht, an denen man sich erfreuen möchte, so sollte man sich ebenso ihre unattraktiven Aspekte klarmachen, etwa den, daß man sehr viel Zeit und Mühe aufbringen muß, um diese Dinge zu erreichen. Man muß viel arbeiten, um das zum Kauf nötige Geld zu verdienen. Kurz, viel Energie des eigenen Lebens wird verbraucht, um diese Dinge zu erlangen. Obwohl man diese Kraft einsetzt, weiß man doch nicht, ob man am Ende das Gewünschte erlangt, und selbst wenn man es erlangt, erlebt man doch nicht die echte, dauerhafte Zufriedenheit, die man sich im Zustand des Verlangens davon erhofft hatte. So gibt es viele unangenehme Aspekte an diesen Dingen. Vergegenwärtigt man sich das Unangenehme, so wird das Verlangen danach automatisch in seiner Kraft und Häufigkeit geringer.

Richtet sich die Begierde hauptsächlich auf den Körper, sei es auf den eigenen Körper oder auf den Körper eines anderen Menschen, so sollte man sich all die unattraktiven, unreinen Dinge vor Augen halten, die im Körper vorhanden sind.

Die Meditation, sich dieses vor Augen zu führen, ist selbst dann sehr hilfreich, wenn gegenwärtig kein starkes manifestes Verlangen vorhanden ist. Denn in unserem Geist befinden sich viele Anlagen von Begierde. Seit anfangsloser Zeit haben wir sie gesammelt. Wenn man sie als materielle Teile darstellen könnte, ergäben sie einen Berg, der in kein Land hineinpaßte. Durch die kontinuierliche Übung der beschriebenen Meditation, werden diese Potentiale der Begierde stark verringert. Dies wirkt sich so aus, daß später in Situationen, in denen normalerweise Begierde aufkäme, das Verlangen nicht mehr so stark ist oder gar, falls man die Meditation gut durchgeführt hat, ganz und gar keine Begierde mehr entsteht. Dadurch werden wegen der fehlenden oder zumindest verringerten Begierde später im Leben auch weniger Probleme und Leiden entstehen. Deshalb ist diese Meditation sehr wirksam und nützlich.

Verwandle Haß und Wut in Zuneigung und Mitgefühl

Wer Haß und Wut als stärkste negative Emotion spürt, der sollte sich in liebevoller Zuneigung und Mitgefühl üben. Denn man wird hauptsächlich auf andere fühlende Wesen wütend. Deshalb denkt man an den anderen im Lichte seiner guten Eigenschaften und seines Nutzens, so daß man ihn in einem angenehmen Aspekt sieht und als nah, lieb und teuer empfindet. Dazu macht man sich bewußt, daß man vielleicht in der gegenwärtigen, besonderen Situation einen Grund sieht, über den anderen ärgerlich zu sein, und den Wunsch hegt, ihm zu schaden. Aber in Wirklichkeit hat der andere einem in der unendlich langen, anfangslosen Zeit der vielen vergangenen Existenzen unzählige Male mit reiner Absicht geholfen; man hat unzählige Male eine sehr enge und hilfreiche Beziehung zu dem anderen gehabt, und er wird einem auch in Zukunft wieder helfen. Diese Gedanken sind wichtig, wenn man starken Ärger verspürt.

Wenn Wut aufkommt, beobachtet man ein fühlendes Wesen, das man als »Feind« betrachtet, das in jeder Hinsicht schlecht zu sein scheint, das einem Unbehagen macht, wenn man nur seinen Namen hört, das einem Abneigung einflößt, wenn man es nur sieht. Entsprechend entwickelt sich der Impuls, diesem Feind einen Schaden zuzufügen. Im Gegensatz dazu gibt es Menschen, die man als »Freunde« sieht und entsprechend begehrt. Zwischen beiden Einschätzungen besteht ein großes Ungleichgewicht. Und an den meisten der fühlenden Wesen hat man gar kein Interesse und läßt sie unbeachtet beiseite.

So gibt es einen großen Unterschied von nah und fern,

vertraut und fremd, hoch und niedrig in unserer Betrachtungsweise der Wesen. Einige sind »Feinde«, einige »Freunde«, einige liegen zwischen diesen beiden Festlegungen. Wir müssen versuchen, zwischen diesen drei Kategorien ein Gleichgewicht bezüglich der Gefühle von »nah« und »fern« zu entwickeln.

Zu diesem Zweck versuchen wir, unsere Abneigung gegen die Feinde dadurch zu verringern, daß wir uns die Vorzüge dieser Menschen vor Augen führen. Wir versuchen, sie uns näherzubringen und sie in einem angenehmeren, positiven Licht zu sehen. Auf der anderen Seite machen wir uns bewußt, daß unsere Freunde auch viele Fehler haben. Und bei den unendlich vielen fühlenden Wesen, die in der Mitte zwischen beiden stehen und uns gleichgültig sind, vergegenwärtigen wir uns, daß ihre Tugenden größer sind als ihre Fehler. Mit diesen Mitteln kann liebevolle Zuneigung trainiert werden.

Wenn man diese Kontemplationen konsequent durchführt, sollte sich allmählich jedem fühlenden Wesen gegenüber, ganz gleich, ob es zur Gruppe der Nahestehenden, Fernstehenden oder »Neutralen« gehört, der Wunsch entwickeln, wie wunderbar es doch wäre, wenn dieses Wesen das beste Wohlergehen und die besten Ursachen für Wohlergehen besäße. Und der Wunsch sollte in das Gebet münden, daß sie solches erlangen mögen.

Beseitige die Unwissenheit

Wenn die Trübung durch Unwissenheit und Verblendung im Geist vorherrscht, soll man über die Gesetzmäßigkeit des *Abhängigen Entstehens* meditieren. Es wird zu Anfang schwierig sein, diese Meditation so durchzuführen, daß sie ein wirksames Mittel gegen die Verblendung ist. Trotzdem ist es sehr sinnvoll, sich damit vertraut zu machen.

Ein Phänomen wird »abhängig Entstandenes« genannt, weil es ein Träger vieler Eigenschaften ist und abhängig von dem Zusammenkommen aller bedingenden Faktoren wie Ursachen, Umstände und Eigenschaften entstanden ist und existiert. Betrachten wir etwa unseren Körper: Er besteht aus vielen materiellen Teilchen, das heißt er ist von den verschiedensten Faktoren abhängig, die ihn zusammensetzen. Macht man sich dies bewußt, so erkennt man auch seine flüchtige, veränderliche und unbeständige Natur. Dies ist ein Beispiel für eine Meditation über das abhängige Entstehen. Sie ist ein wirksames Mittel gegen die Verblendung bezüglich des Körpers. Buddha hat einmal gesagt, daß die Vergegenwärtigung des Körpers unter diesem Gesichtspunkt zu dem einen Weg gehört, den alle üben müssen, die die Befreiung aus dem Kreislauf des leidvollen Daseins erreichen möchten.

Darüber hinaus können wir uns fragen: »Was ist eigentlich das, was ich so selbstverständlich ›meinen Körper‹ nenne?« Der Körper ist ein Ganzes, das aus all seinen vielen Teilen – wie etwa seinen Gliedern und Organen – zusammengesetzt ist; aber keines seiner Teile und Attribute ist der Körper: Weder ist der Kopf der Körper, noch sind es die Arme, noch ist irgendein anderer einzelner Aspekt des Körpers der Körper. Wenn man den Körper so in seine Teile aufteilt und sich fragt, wo er eigentlich ist, so läßt sich am Ende dieser Untersuchung nichts finden, auf das man zeigen könnte und von dem man sagen könnte: »Das ist ›mein Körper‹.« Wir können nichts finden, was wir ›Körper‹ nennen können, der doch so greifbar aus sich zu bestehen scheint. Dennoch glauben wir fest, daß er ganz konkret auffindbar existiert, was sich darin ausdrückt, daß wir sehr an ihm hängen und ihn oft über die Maßen attraktiv finden und pflegen. Tatsächlich aber ist der Körper etwas abhängig Entstandenes, er existiert in bloßer Abhängigkeit von all seinen ihn bedingenden Teilen und Attributen; er kann nur in Abhängigkeit von diesen benannt und wahrgenommen werden und seine Funktionen erfüllen.

Durch diese Kontemplation der abhängigen Natur des Körpers wird die tief in uns wohnende und leidverursachende falsche Vorstellung aufgelöst, unser Körper sei wie ein festes, unveränderliches »rundes Stück«. Das ist ein Beispiel dafür, wie die Kontemplation über die abhängige Natur der Dinge als Mittel gegen die Trübung und Verblendung des Geistes eingesetzt wird.

Ebne den Stolz ein und bändige die Zerstreuung

Als Mittel gegen starken Stolz im eigenen Geist wird gelehrt, daß man sich darin üben soll, innerlich eine niedrigere Stellung einzunehmen. Dazu sollte man sich immer wieder mit dem Gedanken vertraut machen, daß man selbst viele Fehler und Schwächen hat, und sich vor Augen führen, wie oft man selbst im Leben schon in Notlagen geraten ist. Zudem ist es hilfreich zu erkennen, daß es viele Menschen gibt, die über einem stehen; denn der Stolz ist ein Faktor des Geistes, der mit dem Gefühl verbunden ist, man sei in irgendeiner Hinsicht über die anderen erhaben.

Durch die Gewöhnung an solches Denken kann man Stolz überwinden. Ob man aber selbst auch dazu in der Lage ist, diese Gedanken anzuwenden, hängt ganz von der eigenen Bemühung ab.

Das gilt für alle negativen Eigenschaften im Geist: Wenn man sich gut darin üben kann, in der jeweiligen Situation ihres Auftretens unmittelbar ihr direktes Gegenmittel anzuwenden, so kommen sie auf ähnlich einfache Art und Weise zur Ruhe wie sprudelnd kochendes Wasser, in das man etwas kaltes Wasser gießt. Allerdings ist dies nicht so augenblicklich zu erreichen, wie der Vergleich es vorspiegeln mag; denn wir sind seit anfangsloser Zeit an die fehlerhaften Faktoren unserer Geistes gewöhnt.

Wenn störende, ablenkende Gedanken die Meditation stark behindern, dann ist die Vergegenwärtigung des eigenen Atems ein gutes Mittel, um den Geist zu sammeln. Dadurch, daß man den Atem mit dem Geist erfaßt und sich die einzelnen Ein- und Ausatemzüge vergegenwärtigt – man kann sie zum Beispiel bis neun mitzählen und dann wieder von vorn beginnen – werden die vielen ablenkenden, zerstreuten Gedanken an dieses und jenes gebunden.

Wenn man nun feststellt, daß die genannten leidverursachenden Emotionen im eigenen Geist in gleicher Stärke vorhanden sind, dann sollte man die Meditation durchführen, zu der man die größere Neigung verspürt. Es heißt in diesem Zusammenhang auch, daß das gleichmäßige Auftreten der verschiedenen leidverursachenden Emotionen ein Zeichen dafür ist, daß die Leidenschaften bei einem solchen Menschen insgesamt etwas schwächer sind als bei jemandem, bei dem eine dieser Emotionen besonders stark hervortritt.

Ganz allgemein aber gilt für jede Art der Meditation: Bevor man zu meditieren beginnt, ist es sehr wichtig zu wissen, was man mit Hilfe der Meditation beseitigen möchte.

Wenn wir ein konkretes Resultat aus unserer Beschäftigung mit Meditation gewinnen wollen, müssen wir die angestrebten Eigenschaften durch wiederholtes Einüben in der Meditation entwickeln; es ist unmöglich, sie in einer plötzlichen Wandlung in kurzer Zeit entstehen zu lassen. Deshalb nützt es sehr, wenn wir beim Hören oder Lesen derartiger Unterweisungen immer wieder innehalten, um uns in der Meditation mit den beschriebenen Denkweisen vertraut zu machen. Wenn wir nicht versuchen, durch stetiges Üben unser Denken zu verbessern, erfüllt die Beschäftigung mit Meditation nicht ihren eigentlichen Sinn.

In jeder Religion ist es üblich und auch wichtig, daß man an ein göttliches Zufluchtsobjekt Gebete richtet. Dies bildet die nötigen Voraussetzungen und guten Bedingungen im Geist, auf deren Grundlage die Schulung des Geistes in der Meditation Früchte tragen kann. Deshalb beten wir auch im Buddhismus zu den *Gottheiten*, bringen ihnen Verehrung und Gaben dar, rezitieren ihre *Namensmantras* und ähnliches. Wir tun dies, um förderliche Umstände zu schaffen, die uns helfen, unseren Geist in der Meditation gut gebrauchen zu können und ihn so weiterzuentwickeln.

Handlung und Wirkung

Da man selbst allein der Beschützer des Selbst ist,
wer anders sollte Beschützer sein?
Der Weise zähmt sich selbst vollkommen;
dadurch wird er ein hohes Dasein erlangen.

Begehe auch nicht eine schlechte Handlung,
übe in vortrefflicher Weise heilsames Tun
und zähme deinen Geist:
das ist die Lehre der Erwachten.
BUDDHA ŚĀKYAMUNI

Wir wissen aus eigener Erfahrung, daß alle fühlenden Wesen Glück und Wohlergehen wünschen und Leid vermeiden möchten. Entsprechend gibt es auf der Welt viele Weltanschauungen und Philosophien, die Ursachen und Mittel beschreiben, um das ersehnte Glück zu erreichen. Dabei besteht ein gewisser Unterschied zwischen denen, die an die Mittel von Religionen glauben, und denen, die Religion ablehnen. Denn die Menschen der zweiten Gruppe setzen ihre ganze Zuversicht auf die Materie. Sie gehen einer Ausbildung nach oder studieren verschiedene Wissensgebiete, um dann zu versuchen, durch die Anstrengungen der täglichen Arbeit das Glück dieses Lebens zu erreichen. Sie glauben, daß Wohlergehen in diesem Leben das einzige erreichbare Glück ist und daß es nichts gibt, was darüber hinaus geht. Die Menschen der ersten Gruppe, die an religiöse Werte glauben, sind davon überzeugt, daß es mehr gibt als das, was man mit den Sinnen direkt erfährt. Sie glauben, daß es noch subtilere Ursachen und Mittel gibt, die zu Glück und Leid beitragen.

Religion befaßt sich mit den zuletzt genannten Dingen. Ihre Aufgabe ist es, die Mittel und Wege zugänglich zu machen, die über das sinnlich Erfaßbare hinausgehen und auf einer feineren, tiefgründigeren Ebene zum Erlangen von Glück und Vermeiden von Leid beitragen. So hat es in der Vergangenheit herausragende Menschen gegeben, die Religionen begründet oder verbreitet haben; und ihre Nachfolger folgen den Mitteln, die sie gelehrt haben, um Leid zu beseitigen und Glück zu erlangen.

Selbst wenn man einmal unberücksichtigt läßt, welchen Nutzen Religion im Hinblick auf das hat, was uns nach dem Tod erwartet: An Menschen, die religiösen, spirituellen Werten folgen und sie im Leben tatsächlich anwenden, kann man beobachten, daß sie innerlich gefestigter und ausgeglichener sind und mit den Schwierigkeiten des Lebens eher fertig werden als andere. Das liegt daran, daß diejenigen, die von den Mitteln der Religion nichts wissen oder sie gar ablehnen, zur Beseitigung von Schwierigkeiten eben nur materielle Mittel zur Verfügung haben, also das, was sie sozusagen direkt sehen und greifen können. Wenn sie in bestimmten Situationen erfahren müssen, daß diese Mittel an ihre Grenzen stoßen und versagen, haben sie nichts mehr, worauf sie sich stützen könnten, um Leid abzuwenden. Das ist der Grund, warum sie eher in Verzweiflung geraten als jemand, der in seiner Religion einen Halt hat, weil er an ein höheres, göttliches Wesen glaubt, zu dem er beten und das er um Hilfe bitten kann, und weil er überzeugt ist, daß von der geistigen Seite Hilfe kommt.

Allerdings kennen die Angehörigen einer Religion oft nicht die zentralen Inhalte ihrer Religion. Sie haben nicht genügend davon gelernt und darüber nachgedacht. Oder sie haben – da man die Religionsstifter selbst nicht mehr treffen kann – nachgefolgte qualifizierte Lehrer nicht getroffen und befragt. Ohne genügende Kenntnisse kann die Ausübung der Religion, insbesondere der Meditation, aber kaum die gewünschte Wirkung haben.

Das Dasein hat zwei Seiten: die völlig verblendete, mit Leidenschaften verbundene Seite und die Seite der vollständigen Läuterung. Auf der Seite, die völlig mit Leidenschaften verbunden ist, gibt es Ursachen und Wirkungen. Die Wirkungen sind die Wahren Leiden, ihre Ursachen die Wahren Ursprünge.

Nach der Lehre Buddhas sind die Wahren Ursprünge des Leids verunreinigte Taten *(karma)* und leidverursachende Emotionen *(kleśa)*. Hier möchte ich etwas über Karma sagen.

Buddha Śākyamuni hat viele Unterweisungen in Verbindung mit Karma gegeben und Karma als die wesentliche Ursache für Glück und Leid beschrieben. Was bedeutet »Karma« eigentlich? Das Wort bedeutet »Handlung«, »Tat«, und es bezieht sich auf Anlagen, die wir alle in uns tragen und die wir uns durch eigene Handlungen zugelegt haben. Entsprechend den Handlungen, von denen sie herrühren, sind sie heilsam oder unheilsam und führen zur Erfahrung von Glück oder Leid. Weil sie von uns selbst geschaffen wurden, weil sie sich in uns selbst befinden und weil sie bei uns selbst Glück oder Leid bewirken, deshalb ist Karma keine äußere, unabhängige Macht, die uns willkürlich Glück oder Leid auferlegt. Wie kommt es zu diesen karmischen Anlagen im eigenen Bewußtsein?

Bewußtsein: Träger der karmischen Anlagen

Unser Bewußtsein ist allgemein etwas Neutrales. Man kann es nicht grundsätzlich heilsam oder unheilsam nennen. Das bedeutet aber nicht, daß es immer neutral ist; es ist vielmehr wandelbar. Das Kontinuum unseres Bewußtseins, der Bewußtseinsstrom, existiert ohne Anfang und befindet sich in ständiger Veränderung. Man könnte es mit einem ungefärbten Stoff vergleichen, der jede gewünschte Färbung erhalten kann, je nachdem, mit welchen Umständen, mit welcher Farbe also, man ihn zusammenbringt.

Wir wissen selbst, daß unser Geist unter dem Einfluß wechselnder Umstände sehr veränderlich ist. Treffen wir etwa auf unangenehme Umstände und mißfällt uns etwas, so sind wir gleich bereit, ärgerlich zu werden. Treffen wir auf ein Objekt, das uns angenehm erscheint, so sind wir ebenso schnell bereit, mit Begierde darauf zu reagieren.

Daß solche Geistesaktivitäten wie Haß und Begierde aufkommen können, liegt daran, daß unser Geist nicht von Natur her allumfassende Erkenntnis besitzt. Schon über die ganz offensichtlichen Dinge im Leben müssen wir zuerst etwas lernen und uns allmählich das nötige Wissen aneignen. Ein kleines Kind weiß zuerst noch nicht mit der äußeren Welt umzugehen. Das gilt noch mehr hinsichtlich der subtileren Phänomene unseres Daseins, und es gilt insbesondere hinsichtlich der Art und Weise, wie die Dinge eigentlich existieren. Aufgrund der Unwissenheit darüber entstehen in uns Ärger, Verlangen und viele andere verblendete Emotionen.

Blieben wir nun regungslos in diesem Zustand der Unwissenheit, so könnten wir nicht viel Unheil anrichten. Aber das ist nicht der Fall. Denn wenn wir Objekte beobachten, die zur angenehmen Seite gehören, ganz gleich, ob andere Lebewesen oder Gegenstände, entsteht Verlangen. Einige Menschen halten wir für unsere Freunde, sie stehen auf unserer Seite; diese mögen wir sehr gern und möchten unbedingt mit ihnen zusammensein. Materielle Gegenstände halten wir für begehrenswert, und es entsteht großes Verlangen danach, sie in Besitz zu nehmen. Hat man diese Festlegung einmal getroffen, so folgt zwangsläufig, daß man gegen die andere Seite, gegen das, was einem fremd und unangenehm erscheint, Abneigung entwickelt. Einige Menschen erscheinen einem vollkommen fremd und fernstehend. Andere haben einem selbst oder den Freunden oder dem eigenen Besitz Schaden zugefügt, und man reagiert mit Haß, Wut und Feindseligkeit. Das alles geschieht, weil wir die grundlegende Natur der Dinge nicht erkennen.

Sind solche Emotionen wie Haß oder Begierde im Geist aktiv, so hinterläßt diese Geistestätigkeit unmittelbar eine Nachwirkung im Geist selbst. Um diesen Vorgang zu veranschaulichen: Füllen wir eine giftige Flüssigkeit in einen Topf und bringen sie zum Kochen, so bildet sich im gleichen Moment Dampf, der sich unter dem Deckel niederschlägt. Je stärker die Flüssigkeit kocht, desto stärker ist der giftige Niederschlag. Ebenso unmittelbar hinterlassen unsere Aktivitäten, wenn wir denken, reden oder körperlich handeln, ihre Nachwirkungen in Form von Anlagen in unserem Bewußtsein. Diese Anlagen nennt man Karma. Darüber hinaus gibt es kein Karma.

Die karmischen Anlagen in unserem Bewußtsein verschwinden nicht von allein wieder. Ihre Wirkungskraft bleibt latent mit dem Bewußtsein verbunden, bis sie mit geeigneten äußeren Umständen zusammentreffen. Dann zeigen sie ihre volle Wirkung und führen, falls sie von unheilsamen geistigen Aktivitäten gesetzt wurden, zwangsläufig zur Erfahrung von Leid. Die Zeitspanne zwischen dem ursprünglichen Setzen eines karmischen Potentials im Bewußtsein durch die Handlung und der Auswirkung als Leid- oder Glückserfahrung ist unbestimmt. Sie kann sehr kurz oder sehr lang sein, je nachdem, wie lange es dauert, bis das Potential mit den geeigneten Umständen zusammenkommt, die seine Aktivierung ermöglichen.

Diese Vorgänge sind natürlich subtiler Natur. Wir können sie nicht so einfach mit Augen sehen wie den Dampf und den Niederschlag der kochenden Flüssigkeit im Topf. Was in unserem Inneren vor sich geht, können wir weder sehen noch anfassen. Insbesondere sind die karmischen Anlagen in uns äußerst fein und schwer erkennbar; entsprechend schwer ist es für uns, überhaupt etwas von ihnen zu wissen oder von ihrer Existenz überzeugt zu sein.

Ähnliches gilt für das Bewußtsein, das all diese Anlagen in sich trägt. Es ist nichts Körperliches, hat keine Gestalt oder Farbe. Wir können es nicht sehen oder anfassen. Das ist der Grund, warum es uns schwerfällt, an die Existenz der mit dem Bewußtsein verbundenen Vorgänge und Gesetzmäßigkeiten zu glauben, wie sie Buddha in seiner Lehre von Taten und ihren Wirkungen dargelegt hat.

Zurück zu dem Vergleich: Wenn wir den Herd auf schwache Hitze stellen, kocht die Flüssigkeit im Topf auch nur schwach, und entsprechend gering ist der Niederschlag, der sich unter dem Deckel bildet. Drehen wir den Herd dann auf die größte Stufe, so kocht die Flüssigkeit sehr heftig, und der aufsteigende Dampf hinterläßt einen starken Niederschlag unter dem Deckel. Ähnlich ist die Beziehung zwischen einer Handlung und ihrer Nachwirkung im Bewußtsein. Oft ist eine fehlerhafte geistige Aktivität wie Haß, Begierde oder Verblendung nicht sehr intensiv, und ebenso gering ist die Kraft der karmischen Anlage, die von ihr im Bewußtsein hinterlassen wird. Je stärker die verblendeten Emotionen im Geist aufkommen, desto stärkere Potentiale setzen sie ins Bewußtsein. Noch viel stärker wird ein solches Potential, wenn die unheilsame geistige Aktivität in einer äußerlichen, sprachlichen oder körperlichen Handlung Ausdruck findet. Das ist der Fall, wenn man etwa unter dem Einfluß von Wut einem anderen Wesen Schaden zufügt, vielleicht gar tötet, oder unter dem Einfluß von Begierde stiehlt oder eine sexuelle Verfehlung begeht.

Es dürfte deutlich geworden sein, daß es nicht nötig ist, eine Handlung erst zu planen und vorzubereiten, damit sie ein karmisches Potential im Bewußtsein hinterläßt. Es reicht schon, einen Gedanken im Geist zu schüren; im gleichen Moment wird schon eine Nachwirkung hinterlassen. Es ist also gut möglich, daß jemand ruhig in Meditationshaltung sitzt und von außen ganz fromm aussieht, aber im Inneren Gedanken von Haß und Begierde bewegt. Obwohl er sich äußerlich so gibt, als befände er sich in tiefer Meditation, sammelt er ständig schlechte Anlagen in seinem Geist.

Die Lehre des Buddha bestätigt wohl, daß äußere Umstände auf das Glück und Leid der Wesen einen Einfluß haben. Aber gleichzeitig weist sie darauf hin, daß das Wesentliche und Wirkungsvollste für zukünftiges Glück oder Leid das eigene Bewußtsein ist.

Betrachten wir einmal heilsame Handlungen. Angesichts der Notlage anderer Menschen entsteht hin und wieder ein Gefühl des Mitleids und der liebevollen Hinwendung in uns. Wir wünschen, daß der andere Mensch doch von seinem Leid frei sein und Glück erlangen möge. Im gleichen Augenblick, in dem wir diesen Gedanken denken, hinterläßt er seine Wirkung auf unseren Geist. Diesmal ist es eine heilsame, glückverursachende Anlage, die dort gesetzt wird. Wenn wir im Topf Heilkräuter aufkochen, dann wird sich um so viel mehr Niederschlag von der heilenden Medizin unter dem Deckel bilden, wie wir die Intensität der Flamme erhöhen. Genauso schaffen wir durch alle heilsamen Gedanken gute Veranlagungen im Bewußtsein, die in Zukunft bei geeigneten Umständen Glück hervorrufen; je intensiver der heilsame Gedanke ist, desto stärker ist die gute Veranlagung, die von ihm im Bewußtsein geschaffen wird. Beispiel für einen heilsamen Geisteszustand ist das Vertrauen in ein außergewöhnliches Objekt, etwa das Vertrauen in ein Wesen mit edlen, hervorragenden geistigen Eigenschaften. Ein anderes Beispiel ist das erwähnte Mitleid mit einem anderen Wesen, wobei man nicht untätig zusehen kann, daß es leiden muß.

Es gibt die Geschichte von Śāriputra, der als der weiseste Jünger Buddhas gilt. Als Buddha einmal nach den Ursachen dafür gefragt wurde, warum Śāriputra ein so enger Schüler war, berichtete er, daß Śāriputra in einer vergangenen Existenz, als er als Postbote auf einer Reise war, abends erschöpft in einer kleinen, dunklen Hütte Rast machte. Beim Flicken seiner Schuhe im schwachen Schein einer Öllampe sah er auf der Wand der Hütte die Umrisse eines Buddha gezeichnet. Spontan entstand in ihm ein tiefes Vertrauen, und er verspürte die starke Sehnsucht, mit einem solchen außergewöhnlichen, reinen Menschen zusammenzutreffen. Dieser Wunsch hinterließ eine so starke Veranlagung in seinem Geist, daß er später sein ganzes Leben lang mit Buddha zusammensein, dessen Unterweisungen hören und all die Werke des Erleuchteten erleben konnte.

Es gibt viele Berichte in den *Sūtras* und *Tantras*, in denen Buddha die karmischen Gründe für bestimmte Erfahrungen am Einzelfall erläuterte. Wenn man tiefer über sie nachdenkt, sind sie logisch sehr gut nachvollziehbar, und man kann sehr gut die Gesetzmäßigkeit erkennen, wie Handlungen Nachwirkungen hinterlassen, die sich später auf eine Art und Weise auswirken, die der Handlungsweise entspricht.

Heilsames Handeln bringt Glück

Wenn man mit einem einzigen Wesen Mitleid empfindet, so hinterläßt das eine gute Anlage im Geist. Hat man aber mit vielen Wesen Mitleid, so ist das heilsame Potential entsprechend stärker.

Die Ausübung des Großen Fahrzeugs ist außerordentlich wirkungsvoll und hat einen sehr segensreichen Einfluß. Dies liegt daran, daß die Grundlage für die Ausübung des Großen Fahrzeugs das altruistische Streben nach Erleuchtung, der Erleuchtungsgeist, ist. Das Charakteristische dieser Geisteshaltung ist die Absicht, zum Wohle aller fühlenden Wesen die Vollendete Erleuchtung, den Zustand eines Buddha, zu verwirklichen; denn dann kann man ihnen allen in jeder Hinsicht helfen. Die Grundlage und Ursache für den Erleuchtungsgeist ist das Große Erbarmen mit allen fühlenden Wesen. Weil durch solches Erbarmen, das jedes Wesen einschließt, auch in Verbindung mit jedem Wesen ein heilsames Potential im

Geist entsteht, ist das Große Fahrzeug so außerordentlich kraftvoll und segensreich. Das Ziel bei der Ausübung des Großen Fahrzeugs, nämlich selbst ein Buddha zu werden, um allen Wesen in größtem Maße zu helfen, ist sehr weit gefaßt. Entsprechend umfangreich sind die heilsamen Anlagen, die durch die so motivierte Geisteshaltung im Bewußtsein geschaffen werden. Sie sind genauso unermeßlich wie die Anzahl der Wesen, auf die diese altruistische Haltung gerichtet ist.

Der Niederschlag, der sich unter dem Deckel bildet, wenn wir im Topf Heilkräuter auskochen, hat heilende, wohltuende Wirkung. Ebenso heilsam sind die Anlagen, die von guten, der Wirklichkeit entsprechenden Geisteszuständen herrühren. Sie bleiben im eigenen Geist, und wenn sie irgendwann mit geeigneten Umständen zusammenkommen, bringen sie ihre Wirkung hervor und führen ausschließlich zur Erfahrung von Glück und Wohlergehen. Dies ist, kurz gesagt, der Zusammenhang von Handlung und Resultat, das Gesetz von Karma.

Solange die von Handlungen geschaffenen Anlagen im Bewußtsein nicht mit den Bedingungen zusammentreffen, die sie zur Auswirkung kommen lassen, bleiben sie mit dem *Bewußtseinskontinuum* verbunden, verlieren ihre Wirkungskraft nicht und werden vom Bewußtseinskontinuum in die Zukunft getragen. Das Bewußtseinskontinuum hatte weder einen Anfang in der Vergangenheit, noch wird es ein Ende in der Zukunft haben.

Das Hauptresultat, das eine karmische Handlung hervorbringt, ist die *gereifte Wirkung*. Wenn ein Bauer eine ganz bestimmte Samensorte in die Erde legt, entsteht daraus als Hauptresultat die entsprechende Frucht; aus einem Weizensamen entsteht Weizen, aus einem Reissamen Reis als Frucht. Gleiches gilt für eine karmische

Anlage im Bewußtsein. Je nach der Handlung, von der sie gesetzt wurde, reift sie als glückliches oder leidvolles Dasein für die Person heran. Sicher gibt es auch neutrales Karma, doch das ist unerheblich, da es weder zu Glück noch zu Leid führt. Solche Handlungen sind weder heilsam noch unheilsam, zum Beispiel, wenn man von hier nach da geht, einen Schluck Wasser trinkt oder aus Langeweile Striche auf das Papier malt. Wenn wir in den Topf einfaches Wasser hineingeben, ohne Gift und ohne Heilmittel, dann wird der Niederschlag, der sich beim Kochen unter dem Deckel bildet, weder nutzen noch schaden. Da solche neutralen Handlungen zwar Anlagen im Bewußtsein hinterlassen, diese aber weder zu Glück noch zu Leid führen, sagt man, daß sie keine gereifte Frucht haben.

Buddhistische Lebenspraxis

Es gibt unendlich viele karmische Potentiale in unserem Bewußtsein, und in den 24 Stunden eines jeden Tages sammeln wir wieder sehr viel neue. Kann man dem keinen Glauben schenken, so braucht man dem eigenen Denken und Handeln vielleicht nicht Aufmerksamkeit zu widmen; ist man aber von der Existenz solcher inneren Vorgänge überzeugt, so bleibt einem nichts weiter übrig, als sich entsprechend zu verhalten. Das bedeutet, daß man sich bei allem, was man tut, bemüht, möglichst heilsam zu handeln und Unheilsames zu lassen. Denn es gibt niemanden, der kein Glück, aber gern Leid erleben möchte. Aus diesem Grund wird im Buddhismus immer wieder darauf hingewiesen, wie kostbar jeder Augenblick unseres menschlichen Lebens ist; denn in jedem Augenblick kann man außerordentlich Nützliches tun, wenn man weiß, daß man in jeder Sekunde durch sein Denken und Handeln karmische Anlagen sammelt. Als Menschen besitzen wir auch die nötige Urteilskraft, um zwischen heilsam und unheilsam zu unterscheiden, und wir besitzen die Fähigkeit, entsprechend unseren Erkenntnissen zu handeln, sie in die Tat umzusetzen.

Für die buddhistische Lebenspraxis ist das Verständnis von Karma und Resultat grundlegend. Man muß die Erklärungen darüber immer wieder gründlich durchdenken und eigenen Erfahrungen gegenüberstellen, um zu einer tieferen Einsicht zu kommen. Man muß innere Gewißheit erlangen, daß hier tatsächlich existierende Vorgänge beschrieben werden. Weiterhin muß man sich bemühen, nach dieser Gesetzmäßigkeit zu leben. Ohne diese Grundlage mag man noch so viel über die tiefgründigsten Pfade des *Geheimen-Mantra-Fahrzeugs* hören; es wird einem wenig nutzen. Wenn man auf einen runden Stein Wasser gießt, läuft es gleich wieder herunter.

Die Sūtras lehren uns, daß jedes fühlende Wesen die Befreiung und *Buddhaschaft* erreichen kann. Das ist möglich, weil der Geist so beschaffen ist, daß er schrittweise geläutert werden und mit mehr und mehr Tugenden verbunden werden kann – ohne Beschränkung. Man muß aber wie auf einer Stufenleiter steigen, um den Geist zu schulen. Man kann nicht gleich oben beginnen und die unteren Stufen weglassen.

Was wir jetzt besprechen, ist die Grundlage für den gesamten Buddhismus. Es gibt andere Religionen, die an einen allmächtigen Schöpfergott glauben, der den Wesen willentlich Glück und Leiden zukommen lassen kann. Im Buddhismus wird ein unabhängiger, beständiger Gott nicht akzeptiert. Es wird vielmehr gesagt, daß das eigene Glück und Leid in der Hauptsache auf eigenen Handlungen beruht. Das schließt aber nicht aus, daß es eine äußere Gottheit, einen Buddha gibt, der einem Zuflucht und Hilfe sein kann. Tatsächlich hängt der persönliche Fortschritt in der geistigen Entwicklung stark von der Hilfe eines anderen, vollkommenen Wesens ab, auf das man sich in jeder Hinsicht verlassen kann und das somit eine echte Zuflucht sein kann. Die eigentlichen Ursachen für Glück und Leid kann man aber nur in sich selbst legen oder beseitigen. In diesem Sinne heißt es daher in der Lehre Buddhas, daß man sich selbst Zuflucht und Beschützer, aber auch Feind ist; mithin ist man sich selbst Richter, der über die eigenen Handlungen urteilen muß.

Die Kernlehre des Buddhismus lautet, daß alles Existierende in abhängiger Weise entsteht und besteht. Es gibt auch nicht ein Ding, das nur aus einer einzigen Ursache, aus ihm nicht entsprechenden Ursachen oder gar aus keiner Ursache entstanden wäre. Alles braucht für sein Entstehen eine Vielzahl von entsprechenden inneren und äußeren Ursachen und Umständen. Natürlich gibt es Hauptursachen, die stärker am Entstehen eines bestimmten Resultates beteiligt sind als andere, welche Nebenursachen oder bloß mitwirkende Umstände sind. Das trifft auch auf das Entstehen von Glück und Leid zu. Sicher hängt es von vielen inneren und äußeren Ursachen ab, aber die hauptsächlichen Ursachen für Glück und Leid liegen in einem selbst. Das möchte ich weiter begründen.

Wir wissen, daß wir nur begrenzte Freiheit und Selbstbestimmung über unser Dasein besitzen. Wir haben bei der
Geburt, die nach buddhistischem Verständnis schon
beim Eintritt in den Mutterleib stattfindet, als Resultat
vergangener karmischer Handlungen einen bestimmten
Körper angenommen und bestimmte geistige Voraussetzungen und Fähigkeiten mitgebracht. Ich glaube, daß wir
die Freiheit besitzen, diese zu nutzen, wie wir es möchten, und das zu tun, was wir wollen. Ob uns das allerdings immer gelingt, ist eine andere Frage. Wir können
uns sicher an viele Situationen im Leben erinnern, in
denen wir angestrebte Ziele nicht erreichten. Statt dessen
gingen oft unerwünschte Resultate aus unserem Handeln
hervor. Ob wir unsere Ziele verwirklichen, hängt selbstverständlich auch davon ab, inwieweit wir Weisheit und
Verstand entwickeln und einsetzen. Wir müssen prüfen,
ob Ziele, die wir anstreben, auch erreichbar sind und ob
die Mittel, die wir dazu anwenden, die geeigneten sind.

Gleichzeitig hängt unser Erfolg, gewünschte Ziele zu
verwirklichen und unerwünschte Situationen abzuwenden, aber auch von vergangenen Handlungen ab, deren
Nachwirkungen sich gut oder schlecht auswirken. Ich
will nicht sagen, alles, was wir tun, sei aus vergangenen
Handlungen gereift und werde von ihnen bestimmt.
Aber schon die Art und Weise, wie man seine Fähigkeiten als Mensch nutzt, hängt sehr stark von Gewöhnun-
gen und Neigungen ab, also von den Anlagen, die man
aus der Vergangenheit in dieses Leben mitgebracht hat.
Wenn sich jemand in der Vergangenheit sehr stark an
unheilsame Verhaltensweisen gewöhnt hat und die dadurch gesetzten Anlagen in seinem Bewußtsein in dieses

Leben mitbringt, dann wird er wieder dazu tendieren, seine menschlichen Fähigkeiten für schädliche Tätigkeiten zu mißbrauchen. Er wird eine gewisse Vorliebe für unheilsame Handlungen haben. Auf der anderen Seite wird jemand, der schon viele gute Anlagen in dieses Leben mitbringt, eine natürliche Neigung dazu verspüren, seine Fähigkeiten als Mensch zu heilsamen Aufgaben zu nutzen. Das zeigt sich vielleicht darin, daß er eine natürliche mitfühlende und wohlwollende Geisteshaltung besitzt und gern bereit ist, anderen zu helfen.

Wie Karma sich aufbraucht

So gibt es im Bewußtseinskontinuum eines jeden Lebewesens eine Vielfalt von heilsamem und unheilsamem Karma. Gibt es die Möglichkeit, daß diese Potentiale verschwinden? Diese Frage will ich zuerst für heilsames Karma beantworten. Immer wenn man liebevolle Hinwendung zu anderen und Mitgefühl mit ihnen entwickelt, immer wenn man den Drei Juwelen – dem Buddha, der Lehre *(dharma)* und der Geistigen Gemeinschaft *(saṃgha)* – oder sonst jemandem, der edle Eigenschaften besitzt, Vertrauen entgegenbringt, immer wenn man sich ernsthaft bemüht, zu meditieren und heilsame Gedanken und Handlungen hervorzubringen, sammelt man gute Anlagen im Geist. Diese bringen normalerweise Glück als ihre Frucht hervor. Wenn wir aber nach solchen heilsamen Gedanken und Werken sehr wütend oder haßerfüllt werden, dann kann ihre heilsame Wirkungskraft leicht zerstört werden. Anlagen, die an sich gut sind, können dann kaum noch eine nützliche Wirkung hervorbringen. Deshalb ist die Wut im eigenen Geist der größte Feind. Es gibt viele schlechte Eigenschaften des Geistes,

65

die der guten Kraft heilsamer Anlagen abträglich sind, sie teilweise gar zerstören; aber keine Leidenschaft ist so verheerend wie Haß und Wut. Selbst jemand, der schon eine gewisse hohe Stufe auf dem Pfad erreicht hat, läuft gelegentlich noch Gefahr, so wütend zu werden, daß er dadurch einen großen Teil seines heilsamen karmischen Potentials wieder zunichte macht.

Wir sollten aber wissen, daß auch alle anderen trübenden Emotionen des Geistes große Hindernisse für das eigene Glück in der Zukunft sind. Obwohl ich hier nicht auf die leidverursachenden Emotionen eingehe, ist es für den ernsthaft an der Übung von Dharma Interessierten wichtig, sie kennenzulernen. In den Schriften wird ihr Wesen erklärt, ihre Wirkungsweise, wie man zwischen heilsamen und verblendeten Geistesfaktoren unterscheiden kann und ähnliches. Allgemein werden einundfünfzig hauptsächliche Faktoren des Geistes beschrieben. Nur dadurch, daß man darüber etwas lernt und Fragen an einen gelehrten Menschen stellt, ist man in der Lage, die verschiedenen Eigenschaften des eigenen Bewußtsein zu erkennen und sie so voneinander zu unterscheiden, daß man die heilsamen stärken und die unheilsamen mindern kann. Das ist die eigentliche Aufgabe.

Noch auf andere Weise als durch zerstörerische Geisteskräfte kann sich die Wirkungskraft eines heilsamen Karmas aufbrauchen, nämlich dadurch, daß man die Frucht der Handlung benutzt, das heißt, sie erfährt. Durch Geben etwa sammelt man viel gutes Karma, das die Ursache dafür bildet, daß man in Zukunft Reichtum erlangt und es einem nicht an materiellen Dingen mangelt. Später wirkt sich dieses Karma aus, und man genießt den Reichtum eine Zeitlang, und so braucht sich das gute Potential der Handlung allmählich auf.

Jede Handlung führt zu ganz bestimmten Resultaten. Daß wir als Menschen die lebensnotwendigen materiellen Dinge zur Verfügung haben, ist eine Wirkung von der Übung des Gebens in der Vergangenheit. Daß wir überhaupt ein menschliches Leben mit all seinen guten Möglichkeiten angenommen haben, ist eine Wirkung von der Übung moralischen Verhaltens in vergangenen Leben. Wenn unser menschlicher Körper ein angenehmes Äußeres hat, wir bei anderen gern gesehen sind und sie sich in unserer Umgebung wohlfühlen, so ist das eine Wirkung vom Üben von Geduld und Toleranz. Wenn wir einen klaren Verstand besitzen und in der Lage sind, Sachverhalte schnell zu erfassen und korrekt zu beurteilen, so ist das eine Wirkung von der Übung der Weisheit in einer vergangenen Existenz. Ist unser Geist konzentriert und fest, so daß er nicht leicht durcheinandergebracht werden kann, so ist das ein Resultat von der Übung der Sammlung. Bei manchen Menschen kann man auch beobachten, daß sie auf andere eine große Ausstrahlung ausüben. Wenn man sie erlebt, hat man unwillkürlich das Gefühl, auf einen besonderen Menschen getroffen zu sein. Dieser Einfluß ist eine Wirkung der Tatkraft in bezug auf heilsames Tun, insbesondere, wenn man sich für das Wohl anderer einsetzt. Dies sind kurz zusammengefaßt die wesensgemäßen Resultate verschiedener heilsamer Handlungen.

Das karmische Potential einer unheilsamen Handlung braucht sich ebenso wie das einer heilsamen Handlung dadurch auf, daß man ihr Resultat erlebt. Das ist in diesem Fall Leid. Die größten Leiden erlebt man in den drei *elenden Daseinsformen:* in den Höllenwelten, als Hungriger Geist oder als Tier. Indem man die großen Leiden in einem solchen Dasein erfährt, vergeht allmählich die Wirkungskraft der unheilsamen karmischen Anlage, von der man in diese Existenz »hineingeworfen« wurde. Es müssen allerdings nicht unbedingt die drei elenden Daseinsbereiche sein, in denen man die leidhaften Früchte unheilsamen Karmas erlebt. Auch als Mensch erfährt man die verschiedensten Leiden, die allesamt Wirkungen von unheilsamen Handlungen der Vergangenheit sind. Wir wissen, wie oft wir im Leben an Krankheiten leiden oder in unterschiedlichste Schwierigkeiten und Notlagen geraten. Allerdings sind diese Leiden im menschlichen Bereich nicht die Hauptwirkungen der stärksten unheilsamen Handlungen.

Die Bereinigung unheilsamer Taten

Es ist gut möglich, daß beim Hören dieser Unterweisungen Unbehagen und Furcht entstehen, weil die Lage, in der man sich befindet, angesichts der Tatsache, daß man in der langen Vergangenheit schon sehr viel unheilsames Karma angehäuft hat, ziemlich ausweglos erscheint. Es scheint, die einzige Möglichkeit, es zu beseitigen, bestünde darin, die unerträglichen Leiden in den elenden Daseinsbereichen zu erdulden oder als Mensch viel Leid zu erfahren.

Diese Furcht ist jedoch unbegründet. Es gibt Mittel, mit denen man die unheilsamen karmischen Anlagen im Geist beseitigen kann, bevor sie sich als Leid auswirken. Nicht nur im Buddhismus, auch in anderen Religionen gibt es solche Mittel, und sie sind sich in gewisser Hinsicht sehr ähnlich. Allerdings ist die Bereinigung schlechter Handlungen nur dann vollständig, wenn man sie gründlich durchführt und alle Vier Kräfte vollständig angewendet werden. Diese Kräfte will ich nun erläutern.

Um die Vier Kräfte zu verstehen, muß man zuerst wissen, daß sich die unheilsamen Handlungen, die man begeht, entweder gegen höhere, heilige Objekte und Wesen oder gegen gewöhnliche fühlende Wesen richten. Beispiele für den ersten Fall sind respektloses Verhalten gegenüber Buddha, Dharma und Saṃgha; im zweiten Fall verletzen wir andere und fügen ihnen Leid zu.

Die erste Kraft zur Bereinigung solcher Handlungen ist, daß man sich auf das Objekt stützt, gegenüber dem man unheilsam gehandelt hat. Hat man gegenüber den Drei Juwelen negativ gehandelt, so muß man sich auf sie stützen, indem man zu ihnen erneut Zuflucht nimmt. Will man Handlungen bereinigen, die man gegenüber den fühlenden Wesen begangen hat, so muß man sich zuerst auf sie stützen, indem man zu ihnen Gedanken der liebevollen Hinwendung und des Erbarmens entwickelt und nach besten Kräften versucht, ihnen zu nutzen und zu dienen.

Diese KRAFT DER STÜTZE wird oft damit verglichen, daß man sich zum Aufrichten auf denselben Boden stützen muß, auf den man gefallen ist. Ähnlich verhält man sich ja auch ganz allgemein in der menschlichen Gemeinschaft: Wenn man sich gegenüber einem anderen Menschen schlecht verhalten hat, entschuldigt man sich bei ihm, um den Fehler wiedergutzumachen.

Die zweite Kraft, die nötig ist, um eine Handlung zu bereinigen, ist die KRAFT DER MIßBILLIGUNG. Diese Kraft ist nichts anderes als die Reue über die eigenen unheilsamen Handlungen. Sicher kann man sich nicht an alle die unheilsamen Handlungen erinnern, die man in diesem oder vergangenen Leben seit anfangsloser Zeit begangen hat. Aber das ist auch nicht nötig. Man weiß ja, daß das eigene Bewußtseinskontinuum seit anfangsloser

69

Zeit existiert, und man weiß auch, daß man die Wurzel der Fehler im eigenen Geist noch nicht beseitigt hat. Daraus kann man folgern, daß man alle Arten von unheilsamen Handlungen in der Vergangenheit begangen hat. Man kann sich auch sicher sein, daß die leidverursachenden Anlagen dieser Handlungen im eigenen Bewußtsein vorhanden sind. Sie können in Zukunft zu Leid führen, falls sie nicht bereinigt werden. Denn es ist ein unfehlbares Gesetz, daß schlechte Ursachen zu schlechten Wirkungen führen – das kann man an vielen Beispielen aus eigener Erfahrung belegen.

An viele in diesem Leben begangene unheilsame Handlungen kann man sich sicher erinnern, falls man sich einmal die Mühe macht, es zu versuchen: Wie oft hat man einem anderen Menschen Leid angetan, wie oft ist man gegen jemanden wütend geworden? Was hat man allein heute schon alles falsch gemacht? Nur wenn man nicht weiter darüber nachdenkt, fällt einem dazu nichts ein. Da man all diese Handlungen selbst getan hat, muß man auch ihre unerwünschten Auswirkungen selbst erleben. Wenn die Folgen der unheilsamen Handlungen erst einmal eingetroffen sind, sind sie nicht nur für einen selbst sehr unangenehm, es ist zudem sicher auch nicht daran zu denken, anderen zu helfen. Erinnern wir uns nur, als wir zuletzt eine starke Grippe hatten. Waren wir da noch in der Lage, anderen zu helfen? Sicher hatten wir schon Mühe genug, unsere eigene Situation zu bewältigen. Um wieviel stärker müssen die Hindernisse erst sein, wenn man in noch größeres Leid gerät? Das wird aber unweigerlich eintreten, wenn sich am Lebensende ein unheilsames Karma auswirkt und man in ein leidvolles Dasein gerät. Dann wird man nicht einmal in der Lage sein, das eigene Leid zu ertragen, ganz zu schweigen davon, daß man anderen von irgendeinem Nutzen sein könnte. Macht man sich in dieser Weise bewußt, welches Leid die unheilsamen Handlungen noch hervorbringen werden, so entsteht unwillkürlich Mißbilligung und echte Reue.

Damit durch die Kraft der Reue unheilsame Handlungen wirkungsvoll bereinigt werden, muß die Reue von ganzem Herzen kommen. Es reicht nicht, daß man zwar genau versteht, was Reue ist, sie aber nicht in sich hervorbringt. Dadurch, daß man sie gewissermaßen nur von außen betrachtet, wird keine intensive Läuterung des Geistes möglich sein. Die Einstellung sollte etwa so sein wie bei einem Gefangenen, der ständig den starken, echten Wunsch verspürt, möglichst schnell aus dem Gefängnis befreit zu werden; man muß ihn nicht erst ermahnen, diesen Wunsch zu hegen. Eine ähnliche Haltung sollte sich hinsichtlich der eigenen unheilsamen Handlungen entwickeln: der starke Wunsch, sich aus dem Gefängnis des ununterbrochenen Kreislaufes von immer neuen unheilsamen Handlungen und immer neuen Leiden zu befreien.

Auf diese Weise entsteht aus echter Reue über vergangene untugendhafte Handlungen auch ein fester Vorsatz, die gleichen Handlungen zukünftig nicht weiter zu begehen. Dieser Vorsatz bildet die dritte Kraft, die KRAFT DES SICH-ABWENDENS VON ZUKÜNFTIGEN VERFEHLUNGEN. Je fester dieser Entschluß ist, desto besser.

Fühlt man sich in der Lage, einen Vorsatz zu fassen, der für das ganze Leben gilt, dann ist das natürlich das Allerbeste. Denn je fester der Entschluß ist, bestimmte unheilsame Handlungen nicht mehr zu begehen, desto größer ist auch die Wirkung für die Läuterung des Geistes von unheilsamen Eindrücken. Ist man dazu aber nicht gleich fähig, so sollte man sich zumindest ein zeitlich begrenztes Ziel setzen. Man kann den Vorsatz fassen, eine unheilsame Handlung im nächsten Jahr, im nächsten Monat, in der nächsten Woche oder zumindest heute oder morgen nicht zu begehen. Auch ein beschränkter Vorsatz trägt zur Bereinigung unheilsamen Karmas bei. Irgendein Entschluß ist aber unbedingt nötig. Es ist also vorteilhaft, wenn man einen Vorsatz für eine gewisse Zeitspanne oder gar das ganze Leben fassen kann.

Es werden ja nicht nur im Buddhismus tägliche Gebete und Meditationstexte rezitiert, in denen Vorsätze und Bekundungen enthalten sind, man werde diese und jene schlechten Taten in Zukunft nicht mehr begehen. Wenn man während des Sprechens solcher Worte zumindest den Entschluß faßt, sich heute oder in den nächsten Tagen zusammenzunehmen, dann ist das Rezitieren solcher Worte keine Lüge. Wenn man das Rezitieren aber nicht so ernst nimmt und den Text nur einfach dahersagt, während man mit den Gedanken anderswo ist, dann ist das mehr eine Art und Weise, die Buddhas oder andere erhabene Wesen an der Nase herumzuführen. Wenn man sich also ehrlich sagt, daß man diese Worte nur mit den einschränkenden Gedanken rezitieren kann, lügt man zumindest nicht.

Die vierte Kraft ist die KRAFT, STETS GEGENMITTEL ZU BENUTZEN. Das bedeutet, daß man aktiv etwas Heilsames tut, um die begangene unheilsame Handlung auszugleichen und gute Anlagen zu sammeln. Dazu ist jede Art von tugendhafter Tätigkeit, jede Art der Dharmaübung geeignet. Ein sehr wirksames Mittel ist das Studieren, das tiefe Kennenlernen der Lehre Buddhas. Dazu reicht es aber nicht, oberflächlich über einen Text hinwegzulesen. Der Zweck der Bücher über Dharma ist nicht, daß man bloße Informationen sammelt oder Interessantes liest. Vielmehr sollte einem der innere Gehalt dieser Bücher wichtig sein. Den Gehalt sollte man stets zu verstehen suchen, auf ihn hin sollte man das Gelesene untersuchen und so versuchen, ein genaues Verständnis der Bedeutung von Dharma zu gewinnen.

Lernen ist eine stabile, verläßliche Grundlage für eine wirksame Meditation. Es wird im Buddhismus auf eine schrittweise Entwicklung des Geistes durch Hören, Nachdenken und Meditation großer Wert gelegt. Hören bedeutet nichts anderes als Lernen. Die heilsamen Eindrücke und Anlagen, die man durch das Lernen des Dharma im Geist schafft, sind äußerst stabil; sie können selbst durch solche widrigen Umstände wie Ärger und Wut kaum wieder zerstört werden. Wenn man sich umfassende Kenntnis der Buddha-Lehre angeeignet und durch das Nachdenken darüber ein sicheres Verständnis ihrer Inhalte entwickelt hat, wird man feststellen, daß man die Meditation mit einer gewissen Leichtigkeit, Ruhe und Zuversicht durchführt. Aufgrund des umfassenden Wissens und des guten Verständnisses verspürt man Sicherheit, kennt die Schritte, die in der Meditation zu tun sind, und weiß den auftretenden Hindernissen mit den richtigen Mitteln zu begegnen.

Die Vorbereitenden Übungen

Natürlich gibt es auch andere Mittel, um sich von unheilsamem Karma zu reinigen und als Gegenmittel Verdienste zu sammeln. Niederwerfungen, Darbringung von *Mandalas*, bei denen man im Geiste das Weltensystem im Zustande eines Reinen Landes mit all dessen wunderbaren Eigenschaften opfert, und die anderen *Vorberei-*

tenden Übungen gehören dazu; ebenso Darbringungen anderer Opfergaben und Rezitationen der Namensmantras der Buddhas.

Bei den Vorbereitenden Übungen wird jede Übung einhunderttausendmal wiederholt. So macht man beispielsweise einhunderttausend Niederwerfungen. Dabei ist allerdings die Geisteshaltung ausschlaggebend. Man darf diese Übungen nicht mit der Einstellung durchführen, möglichst schnell die Zahl einhunderttausend zu erreichen. Denn dann achtet man mehr auf das Zählen als auf die Handlung selbst und wird am Ende noch stolz darüber. Man muß die Übungen vielmehr sorgfältig durchführen – mit echter Reue über die schädlichen Handlungen der Vergangenheit und mit dem festen Vorsatz, das Schädliche zu lassen. Mit einer guten Geisteshaltung ausgeführt, haben all diese Mittel aber eine sehr heilsame, reinigende Kraft.

Zu den Vorbereitenden Übungen zählen sowohl die Rezitation des Einhundert-Silben-Mantras von *Vajrasattva*, das besonders zur Bereinigung unheilsamen Karmas dient, wie das Guru-Yoga. Letzteres bedeutet, Vertrauen in seinen Geistigen Lehrer zu entwickeln und sich seine guten Anweisungen bewußt zu machen und sie zu durchdenken, um sie in die Tat umsetzen zu können. All dies sind heilsame Bemühungen, die als Gegenmittel für unheilsames Karma dienen können.

Wenn man mit Hilfe der vollständigen Vier Kräfte darangeht, schlechte karmische Anlagen zu beseitigen, so gibt es keine unheilsame Handlung, die nicht bereinigt werden könnte. Der eigene Geist wird so rein werden wie der von allen verschleiernden Wolken freie, volle weiße Mond. Man findet aber auch Passagen in den Lehrreden des Buddha, in denen er selbst sagt, daß einige unheil-

same Handlungen nicht wieder bereinigt werden können. Insbesondere erwähnte er fünf Handlungen, die so
unheilsam sind, daß sie nach dem Tod unmittelbar in ein
niedriges Dasein führen: Vatermord; Muttermord;
Mord an einem aus dem Daseinskreislauf befreiten Heiligen; absichtlich das Blut eines Buddha vergießen; eine
Spaltung in der Geistigen Gemeinschaft herbeiführen.

Man muß die Worte des Buddha jedoch stets im
Zusammenhang mit der Situation verstehen, in der er sie
gesprochen hat; denn der Buddha stellt sich ganz auf den
einzelnen und seine besonderen Veranlagungen, Neigungen und Fähigkeiten ein. Dementsprechend gibt es neben
endgültigen Aussagen des Buddha auch solche, die in
einem anderen Sinn als dem wörtlichen interpretiert werden müssen. Dazu gehört auch die gerade genannte.
Denn es gab Situationen, in denen der Buddha manche
Handlungen als nicht wieder zu bereinigen lehren mußte,
um den Zuhörer dazu zu bringen, von ihnen Abstand zu
nehmen. Damit bewahrte er ihn vor den leidvollen Resultaten dieser Handlungen. In Wirklichkeit gibt es aber
kein Karma, das sich nicht bereinigen ließe; vorausge-
setzt, man wendet die richtigen Mittel dazu an. Es liegt in
der Natur des Bewußtseins selbst begründet, daß alle
Wesen das Potential in sich tragen, sogar die vollkommene Reinheit eines Buddha zu erlangen.

Es ist tatsächlich der Fall, daß Buddha, um sich auf die
Voraussetzungen der unterschiedlichsten Zuhörer ein-
zustellen und bestimmte Zwecke zu verfolgen, verschie-
denartige Aussagen gemacht hat, die auf den ersten Blick
widersprüchlich erscheinen. Die wörtliche Bedeutung
solcher Aussagen entspricht daher nicht der eigentlichen
Wirklichkeit und auch nicht den endgültigen Gedanken
des Buddha. Aus diesem Grund darf man selbst die Aus-

sagen des Buddha nicht einfach wörtlich hinnehmen, sondern muß sie untersuchen, um seine eigentliche Absicht in einer bestimmten Situation zu begreifen.

Wenn man eine unheilsame Handlung sehr intensiv bereinigt, kann man ihre ganze schlechte Wirkungskraft, die sie im eigenen Geist hinterlassen hat, beseitigen und muß ihre leidvolle Wirkung nicht mehr erfahren. Hat man die Mittel zur Bereinigung nicht vollständig angewandt, dann wird die leidbringende Wirkung der Handlung zwar stark eingeschränkt, aber nicht ganz vermieden. So gibt es je nach Intensität bei der Anwendung der Vier Gegenkräfte Abstufungen hinsichtlich der Vollständigkeit der Bereinigung.

Den Dharma ausüben

Man kann die Ausübung des Buddhismus in drei zentrale Bereiche zusammenfassen: *Ansicht, Meditation und Verhalten*. Dabei ist die allgemeine Regel für das Verhalten oder die Ethik eines Buddhisten, von Handlungsweisen Abstand zu nehmen, die einem anderen Wesen Leid zufügen. Konkret bedeutet dies, sich nach besten Kräften um die Vermeidung der Zehn Unheilsamen Handlungen und die Übung der Zehn Heilsamen Handlungen zu bemühen. Wenn wir Dharma ausüben wollen, hat das mit unserem Leben, unserer Lebensführung insgesamt, zu tun.

So gibt es für jede Situation im Leben zutreffende Ratschläge, die dazu dienen, sie im Sinne des Dharma zu meistern. Dazu gehören etwa Unterweisungen, wie man Toleranz und Ertragen übt, um in schwierigen Lagen nicht die innere Ruhe zu verlieren und mit Haß und Wut zu reagieren, oder solche Unterweisungen, wie man gegen Stolz und Überheblichkeit im eigenen Geist vorgeht. Man muß sich mit ganz grundlegenden Gedankengängen vertraut machen, so mit der Einsicht, daß es nicht nur die anderen sind, die Fehler haben. Vielmehr hat man selbst solche Schwächen, wie man sie bei anderen kritisiert, und folglich macht man vieles falsch. So gesehen ist es kaum angebracht, auf die anderen ärgerlich zu werden und ihnen alle Schuld für die eigenen Schwierigkeiten zuzuweisen. Ebenso unangebracht ist es, sich ihnen gegenüber erhaben zu fühlen, selbstherrlich und überheblich zu werden.

Auch sollte man stets die Natur des Daseinskreislaufs bedenken. Geht es einem gut, so wird man meist übermütig und stolz. Man glaubt, daß man es nun zu etwas gebracht hat. Man ist sehr selbstbewußt und ausgelassen. In solchen Fällen ist es angebracht, sich zu überlegen: Auch wenn es einem gerade gutgeht, ist man sicher nicht aus dem Daseinskreislauf befreit. Solange man aber im Daseinskreislauf ist, gibt es keine Sicherheit. Man wird wieder Fehler machen. Man wird wieder ungewollte Schwierigkeiten und Leiden erleben. Welchen Grund sollte es da geben, sich anderen überlegen zu fühlen und stolz zu sein? Alle Wesen im Daseinskreislauf haben Vorzüge und Fehler.

Führt man sich solche Gedanken immer wieder vor Augen, so wird man nicht mehr gleich in Verzweiflung geraten, wenn man in eine schlechte Situation mit widrigen Umständen gerät oder wenn einem etwas mißlingt. Noch wird man gleich übermütig und überheblich werden, wenn es einem mal besser geht oder einem etwas gut gelungen ist. Man hat also Mittel, um innerlich ruhig und der Situation gemäß zu reagieren. So kann man sein Leben ziemlich ausgeglichen und gefestigt führen, ohne ganz von der jeweiligen Situation gefesselt zu sein. Ist erst einmal eine grundlegende Festigkeit in der eigenen Lebensführung gewonnen, so entwickelt sich von ganz allein ein inneres Gefühl der Ausgeglichenheit, und man stellt fest, daß man stets von einer gewissen Fröhlichkeit begleitet wird. Auf dieser Grundlage ist es auch einfacher, weitere Belehrungen über Dharma aufzunehmen und darüber zu meditieren.

Es gibt auf der Welt viele Menschen, die von sich behaupten, sie praktizierten eine ganz besonders tiefgründige oder seltene Meditation. Ich glaube, es ist nicht weiter schwierig, solche Meditationen von den bloßen Worten her zu unterrichten, darüber etwas zu lesen und zu hören und dann vorzugeben, man mache diese oder jene außergewöhnliche Meditation. Viel schwieriger ist es schon, nach den Grundsätzen des Dharma zu leben.

Manchmal gibt es willige Schüler, die keinen qualifizierten Lehrer haben. Manchmal gibt es gute Lehrer, die von ihren Fähigkeiten her mehr Schüler haben könnten. Wenn tatsächlich Interesse am Verständnis des Dharma besteht, sollte es in der heutigen Zeit der vielen Verkehrsmittel auch möglich sein, daß die ernsthaften Interessenten und die qualifizierten Lehrer zusammenkommen. Sie sollten gemeinsam die ihnen zur Verfügung stehenden Möglichkeiten nutzen. Bei der Ausübung von Dharma ist es sehr wichtig, daß man seine Intelligenz, seinen Verstand gebraucht. Ihn wirklich zu verstehen, ist das Fundament für die gesamte Ausübung von Dharma.

In unserem Geist finden sich viele heilsame und unheilsame Denkweisen. Entsprechend viele verschiedene Arten von Handlungen sammeln wir an. Der Träger der Eindrücke, die wir auf diese Weise sammeln, ist das eigene Bewußtsein. Das Bewußtsein ist nichts Körperliches mit Gestalt und Ausdehnung. Genausowenig haben die karmischen Anlagen eine Ausdehnung. Deshalb kann das Bewußtsein ohne Beschränkung unendlich viele Anlagen aufnehmen. Es wird sich nicht irgendwann beklagen und sagen, daß nichts mehr hineinpaßt!

Ethisches Verhalten

Es gibt verschiedene Möglichkeiten, Taten zusammenzufassen und sie in eine überschaubare Anzahl einzuteilen. Eine Einteilung ist die in heilsame, unheilsame und neutrale Handlungen. Die unheilsamen faßt man zu den Zehn Unheilsamen Handlungen zusammen. Diese sind drei körperliche, vier sprachliche und drei geistige unheilsame Handlungen.

Die erste unheilsame Handlung des Körpers ist TÖTEN. Das eigene Leben ist jedem fühlenden Wesen das Wertvollste. Deshalb ist es auch die schwerwiegendste unheilsame Handlung, dem Leben eines anderen Wesens Schaden zuzufügen oder es gar ganz zu nehmen. Dies gilt für alle fühlenden Wesen, vom Menschen bis hin zu unscheinbaren Käfern und Insekten. Sie alle hängen sehr an ihrem Leben, und es ihnen zu nehmen, ist immer eine Handlung des Tötens.

Die zweite unheilsame Tat des Körpers ist das STEHLEN. Stehlen bedeutet, daß man einen Gegenstand an sich nimmt, den zu nehmen man nicht das Recht hat, weil er jemand anderem gehört. Besitz ist neben dem Leben ein weiteres wertvolles Gut; denn zum Leben brauchen wir eine materielle Grundlage: etwas zu essen, etwas anzuziehen, eine Wohnung, Geld, Gebrauchsgegenstände.

Die dritte körperliche unheilsame Handlung ist SEXUelles Fehlverhalten. Das bezieht sich insbesondere auf Ehebruch oder, allgemeiner ausgedrückt, das Eingehen einer sexuellen Beziehung mit einer Frau oder einem Mann, die oder der mit einem anderen Menschen in einer Partnerschaft zusammenlebt. Eine solche sexuelle Verbindung einzugehen ist deshalb unheilsam, weil man dadurch den Beziehungen zwischen den Menschen Schaden zufügt und viel neues Leid schafft.

Dies sind die drei Unheilsamen Handlungen des Körpers.

Nicht immer wird eine Handlung, ein Karma, vollständig »angesammelt«. Denn eine Handlung ist nur dann vollständig, wenn vier Faktoren vollständig vorhanden sind. Das möchte ich am Beispiel des Tötens erklären.

Die erste Bedingung ist die Grundlage. Die Grundlage ist das Objekt, gegenüber dem die Handlung ausgeführt wird. Beim Töten muß das Objekt natürlich ein fühlendes Wesen sein.

Die zweite Bedingung bezieht sich auf die Geisteshaltung. Das heißt, daß der Handlung eine Absicht zugrunde liegen muß. Beim Töten muß man das Objekt als Lebewesen erkennen und die bewußte Absicht haben, es zu töten.

Die dritte Bedingung, die zu einer vollständigen Handlung nötig ist, ist die Ausführung der Tat. Das bedeutet beim Töten, daß man das andere Wesen mit einer Waffe, mit Gift oder mit anderen Mitteln selbst umbringt oder, was auf das gleiche hinausläuft, eine andere Person mit der Tötung beauftragt.

Die vierte und letzte Bedingung ist der Abschluß der Handlung. Der Abschluß des Tötens besteht darin, daß das andere Lebewesen tatsächlich stirbt. Sein Leben muß zu Ende gehen, indem sich sein Bewußtsein vom Körper trennt.

Fehlt einer dieser vier Faktoren, sammelt man zwar trotzdem noch Karma an, aber dies ist nicht das vollständige Karma des Tötens. Wenn man eine Puppe irrtümlich für einen Menschen hält und darauf schießt, so sammelt man zwar ein ziemlich starkes negatives Potential im Geist an, aber längst nicht die vollständige Handlung des Tötens. Denn dazu fehlen zwei Bedingungen. Zum einen fehlt die Grundlage, da kein wirkliches fühlendes Wesen da ist, das man tötet, zum anderen fehlt der Abschluß, weil niemand stirbt.

Das gleiche gilt auch für die anderen unheilsamen körperlichen Handlungen. Sind beim Stehlen oder bei sexuellen Verfehlungen alle vier Bedingungen vorhanden, so wird das vollständige Karma angesammelt, sind ein oder mehrere Faktoren nicht zugegen, so ist die Handlung nicht vollständig.

Die vierte der Zehn Unheilsamen Handlungen und die erste der vier sprachlichen unheilsamen Handlungen ist LÜGEN. Es gibt viele Arten des Lügens. Allgemein gesprochen bedeutet Lügen, daß man die Wahrnehmung eines anderen täuscht. Mit der bewußten Absicht, ihn zu täuschen, stellt man Sachverhalte anders dar, als sie in Wirklichkeit sind. Die Lüge ist begangen, wenn man vom anderen so verstanden wurde, wie man es wollte, und er dadurch zu einer falschen Sichtweise geführt wurde. Hauptsächlich ist Lügen eine sprachliche Handlung. Es gibt aber auch andere Arten zu lügen, etwa durch eine Gestik, die in einer bestimmten Situation dazu geeignet ist, ein falsches Urteil im anderen hervorzurufen.

Die zweite Nicht-Tugend der Rede ist STIFTEN VON ZWIETRACHT. Zwietracht zu stiften bedeutet, andere durch das, was man sagt, in Uneinigkeit und Feindschaft zu versetzen. Die beiden Parteien, unter denen man Unfrieden stiftet, können einzelne Menschen oder ganze Gruppen sein. Zwei Menschen sind zuerst vielleicht miteinander befreundet. Dann geht man abwechselnd zu dem einen und dem anderen und rückt den Freund in ein schlechtes Licht. Dadurch bewirkt man, daß die beiden sich nicht mehr miteinander vertragen. Oder man verstärkt und verfestigt durch die eigenen Worte eine schon vorhandene Unstimmigkeit. Gelangt man zu dem beabsichtigten Ziel, daß die beiden Parteien sich schlechter verstehen oder sich streiten, so ist die Handlung des Zwietracht-Säens begangen.

Wir laufen leicht Gefahr, in eine Handlungsweise zu verfallen, die Unfrieden stiftet. Oft wird uns dies nicht bewußt, oder wir sind gar der Überzeugung, etwas Gutes zu tun. Tatsächlich aber fügen wir uns selbst nur Schaden zu, weil wir durch das Zwietracht-Säen in unserem eigenen Geist sehr unheilsame Anlagen hinterlassen. Das gilt besonders im Umgang mit anderen religiösen Traditionen. Wenn wir aufgrund unserer Vorliebe für die eigene Tradition über andere Traditionen schlecht reden und damit versuchen, Menschen von ihrer Tradition abzubringen, so ist das eine äußerst unheilsame Handlung; obwohl wir vielleicht denken, wir täten damit etwas Gutes.

Solche starren Einstellungen, die meist dazu führen, daß man über die anderen Traditionen herabwürdigend denkt und redet, haben ihren Ursprung oft einfach darin, daß Traditionen verschiedene Bezeichnungen tragen. Es ist ganz natürlich, daß man die Tradition, zu der man sich zugehörig fühlt, hochschätzt, sie als »die eigene« Tradition empfindet und gewissermaßen daran hängt. Oft führt aber bloß schon der andere Name einer anderen zu dem Gefühl des »Anderen«, des Fremden, gegenüber dem man sich abzugrenzen sucht. Daraus entsteht leicht das Gefühl, die fremde Tradition sei schlecht. Wenn eine solche Geisteshaltung dem Reden und Handeln zugrunde liegt, dann können im Zusammenhang mit Religion oft noch viel größere Probleme und Leiden geschaffen werden, als es sie auf weltlichem und politischem Gebiet sowieso schon gibt.

Die großen indischen Meister haben darauf aufmerksam gemacht, daß gerade für diejenigen, die eine bestimmte Weltanschauung, Philosophie oder Religion vertreten, die Gefahr besteht, daß der Geistesfaktor der Unterscheidung zu einer wesentlichen Ursache für die Fesselung an den Daseinskreislauf wird. Gerade diese Menschen sollten daher besonders darauf achten, keine Fehler zu machen.

Die dritte unheilsame Tat der Rede ist der GEBRAUCH GROBER, VERLETZENDER WORTE. Sicher wissen wir alle, was damit gemeint ist. Man ist aufgebracht und verärgert über einen anderen Menschen und wirft ihm in der Wut verletzende Worte an den Kopf, um ihn zu treffen. Solches Reden ist unheilsam, weil es dem anderen Leid zufügt, indem es ihn in seinem Geist verletzt.

Die vierte unheilsame Handlung der Rede ist SINNLOSE REDE. Das bedeutet, sinnlose oder belanglose Dinge zu sprechen, die weder dem anderen noch einem selbst von Nutzen sind. Denn durch solch nichtssagendes und überflüssiges Reden wirft man Stunde um Stunde des kostbaren Lebens weg. Von der karmischen reifenden Wirkung her gesehen, ist die sinnlose Rede nicht so schädlich wie andere unheilsame Handlungen. Aber sie ist eines der wirksamsten Mittel, Zeit zu verschwenden.

Besonders wenn man sich daran gewöhnt hat, über belanglose Ereignisse gern stundenlang zu reden, geht viel Zeit des wertvollen Menschenlebens verloren. Deshalb sollte man diese Handlung als etwas sehr Schädliches erkennen und achtsam sein.

Bei jeder unheilsamen Handlung der Rede kann man ebenso wie bei den unheilsamen Handlungen des Körpers die vier Faktoren Grundlage, Absicht, Ausführung und Abschluß voneinander unterscheiden.

Die letzten drei der Zehn Unheilsamen Handlungen sind unheilsame Verhaltensweisen des Denkens, und zwar Habgier, Übelwollen und falsche Ansicht.

HABGIER ist eine unheilsame geistige Verhaltensweise, die von Begierde ausgeht. Im Zustand der Habgier beobachtet man einen Gegenstand, der einem nicht selbst gehört, und verlangt danach, ihn sein eigen nennen zu können. Man verspürt wiederholt dieses starke Verlangen und möchte gern irgendetwas tun, um den ersehnten Gegenstand in Besitz zu nehmen. Kommen solche Gedanken immer wieder, so handelt es sich um Habgier. Wenn man in der Stadt an den Kaufhäusern vorbeigeht, sich die Waren in den Auslagen anschaut, sie beurteilt und denkt, daß dieser oder jene Gegenstand sehr schön ist und man ihn auch gern hätte, so ist das sicher keine schwerwiegende unheilsame Handlung, solange dieser Gedanke wieder verfliegt. Denn bei jedem Menschen sind aufgrund der unendlich vielen Anlagen im Geist die Gedanken äußerst vielfältig. Deshalb kommt uns alles mögliche in den Sinn, was wir gerne hätten, besonders natürlich dann, wenn wir es vor uns sehen. Wenn der Wunsch, einen Gegenstand zu besitzen, aber anhält und immer stärker wird, so handelt es sich um Habgier. Sie hinterläßt schlechte karmische Anlagen im Geist und

kann sogar zur unheilsamen Handlung des Stehlens führen.

Die zweite unheilsame Tat des Geistes ist ÜBELWOL-
LEN. Übelwollen ist der Wunsch, einem anderen Wesen
Schaden zuzufügen. Wenn einem jemand in der Vergangenheit etwas angetan hat, entsteht leicht ein Gefühl der
Feindseligkeit und des Nachtragens, und man sucht nach
einer Möglichkeit, den zugefügten Schaden zurückzuge-
ben. Verhärtet sich dieser Gedanke so sehr, daß man
nicht mehr von ihm ablassen kann, so ist das Übelwollen.
Dabei ist man ähnlich konzentriert auf das, was der andere getan hat und wie man es ihm heimzahlen kann, wie
man es eigentlich bei der Schulung der Konzentration auf
den Inhalt der Meditation sein sollte!

Das dritte unheilsame Verhalten des Denkens ist VER-
KEHRTE ANSICHT. Eine verkehrte Ansicht kann sich etwa
auf die Lehre des Buddha beziehen, daß sich jeder
Mensch um heilsames Verhalten bemühen und unheilsames Verhalten aufgeben sollte, um damit selbst das Fundament für echtes, dauerhaftes Glück zu legen. Wenn
man eine solche Lehre eindeutig als Trug oder Irreführ-
rung abtut und an dieser Ablehnung auch entschieden
festhält, so sammelt man das Karma der verkehrten Ansicht. Es kommen einem die verschiedensten Ideen in den
Sinn, und man findet darunter sicher auch immer irgendwelche Scheinbegründungen, um eine falsche Ansicht
über das, was der Buddha gesagt hat, zu stärken. Andererseits ist es etwas ganz Natürliches, daß man besonders
zu Anfang bei der Beschäftigung mit Dharma gewisse
Zweifel hat, etwa an der Lehre des Zusammenhangs von
Karma und dessen Resultaten in Form von Glück und
Leid. Natürlich ist einem nicht gleich ganz klar, was der
Buddha damit gemeint hat, und man fragt sich, ob sich in

Wirklichkeit wohl alles so verhält, wie es gelehrt wird. Denn solche Lehren wie die von Handlung und Resultat beschreiben sehr subtile Sachverhalte, die schwer zu verstehen sind, und man kann nicht von vornherein eine vollkommen gewisse, unumstößliche Erkenntnis davon haben. Solche vorläufigen Ungewißheiten und Zweifel sind jedoch nicht die unheilsame Handlung der verkehrten Ansicht. Denn zur verkehrten Ansicht gehört das entschiedene Festhalten daran.

Die Gegenteile der Zehn Unheilsamen Handlungen sind die Zehn Heilsamen Handlungen. Diese bestehen darin, daß man sich, so gut man kann, vor der Durchführung der Zehn Unheilsamen hütet. Wenn man eine unheilsame Handlung nur dadurch abmildert, daß man sie nicht mit voller innerer Zustimmung und Befriedigung durchführt oder in irgendeiner anderen Art und Weise einen der vier genannten Faktoren schwächt, ist das schon eine Verbesserung. Die Zehn Heilsamen Handlungen zu sammeln bedeutet, daß man sich bewußt bemüht, von den Zehn Unheilsamen Handlungen Abstand zu nehmen, weil man sie als schädlich erkennt.

Untersucht man die Zehn Heilsamen Handlungen oder, anders ausgedrückt, die Bemühung darum, die Zehn Unheilsamen Handlungen zu lassen, so stellt man fest, daß sie im Zusammenhang mit der ethischen Grundlehre des Buddha zu sehen sind, anderen fühlenden Wesen keinen Schaden zuzufügen. Nicht-Töten ist im wesentlichen der Entschluß, dem Leben und dem Körper eines anderen keinen Schaden zuzufügen. Nicht-Stehlen ist der Wille, seinem Besitz nicht zu schaden. Abstand zu nehmen von sexuellen Verfehlungen wie Ehebruch und sprachlichen Untugenden wie Zwietracht-Säen ist mit der Absicht verknüpft, die freundschaftlichen Beziehungen der Menschen untereinander nicht zu verletzen. Dadurch dient man dem friedlichen Zusammenleben der Menschen. Nicht-Lügen dient dem Zweck, dem Erreichen der Ziele des anderen nicht im Wege zu stehen; denn durch die Lüge würde man die Handlungen des anderen auf einen Weg bringen, der nicht zum gewünschten Ziel führt. Keine groben, verletzenden Worte zu gebrauchen, entsteht aus der Bemühung, den anderen innerlich nicht zu kränken.

Die Vermeidung der Zehn Unheilsamen Handlungen oder, allgemeiner ausgedrückt, das Aufgeben von Verhaltensweisen, die anderen schaden, ist das Fundament der gesamten Ausübung der Lehre Buddhas. Darum ist die Grundlage der Buddhalehre Mitgefühl. Nur Steine und andere gefühllose Dinge sind von Glück und Leid unberührt; alle fühlenden Wesen jedoch möchten keinerlei Leid erleben. Weder körperliche Verletzungen oder gar Töten noch geistiges Leid, etwa durch verletzende Worte, wollen sie erfahren. Jeder möchte selbst das geringfügigste Leid nach Möglichkeit von sich weisen. Daher ist es ein Ausdruck von Mitgefühl, wenn man sich bemüht, andere nicht zu schädigen, und dies ist das Fundament des Buddhismus.

Um besser zu verstehen, wie das bewußte Lassen der unheilsamen Handlungen die entgegengesetzte heilsame Handlung hervorbringt, betrachten wir drei Personen, die trotz gleichen äußeren Verhaltens sehr unterschiedliches Karma sammeln. Stellen wir uns vor, drei Menschen haben einen gemeinsamen Bekannten. Der erste von ihnen betrachtet ihn als Feind und hat die starke Absicht, ihn umzubringen, findet dazu aber keine Gelegenheit. Der zweite glaubt fest daran, daß es auf keinen Fall richtig ist, einen Menschen zu töten, und er faßt den

Entschluß, keinem anderen jemals etwas zuleide zu tun. Statt dessen möchte er das Leben des anderen schützen. Und der dritte trifft zwar häufig mit dem Bekannten zusammen, denkt aber nicht daran, ihn zu töten oder nicht zu töten; er macht sich darüber weiter keine Gedanken. Wenn nun alle drei an einem bestimmten Tag den Bekannten nicht töten, tun sie äußerlich das gleiche, und doch sammeln sie sehr unterschiedliche karmische Anlagen. Der erste häuft die ganze Zeit über mit seiner Absicht zu töten unheilsames Karma an – ähnlich wie sich so lange schädlicher Niederschlag unter dem Deckel sammelt, wie man Gift im Topf kocht. Der zweite sammelt in jedem Augenblick, in dem er das Töten eines anderen Menschen als etwas Schädliches ansieht und sich bewußt davon fernhält, das heilsame Karma vom Aufgeben des Tötens an. Und der dritte sammelt weder heilsame noch unheilsame Eindrücke bezüglich der anderen Person.

Die drei Stufen der Übung

Dieses Beispiel macht deutlich, daß ein Mensch, der sein Leben wirklich heilsam im Einklang mit Dharma führen will, größte Aufmerksamkeit darauf verwenden sollte, unheilsame Handlungen zu unterlassen und heilsame Taten zu sammeln, selbst wenn diese Handlungen auf den ersten Blick nicht sehr schwerwiegend zu sein scheinen. Sicher ist es oft auch schwer einzusehen, was heilsam und was unheilsam ist. Wenn man Dharma jedoch aufrichtig anwenden will, ist es die erste Verantwortung und Aufgabe, achtsam zu sein und sich nach besten Kräften an die Ethik der Vermeidung der Zehn Unheilsamen Handlungen zu halten. Diese Ethik ist ganz allgemein für jede

Ausübung von Dharma unerläßlich, ganz gleich, ob man sich nun für einen Ausübenden des Kleinen Fahrzeugs, des allgemeinen Großen Fahrzeugs oder des *Diamantenen Fahrzeugs (vajrayāna)* hält.

Das Kleine Fahrzeug ist die Basis. Wenn man beginnt, Dharma auszuüben, muß man ein gutes Fundament in sich schaffen. Deshalb besteht die erste und wichtigste Übung darin, anderen keinen Schaden zuzufügen. Auf dieser Grundlage sollte man versuchen, den eigenen Geist zu zähmen, ihn zu stabilisieren und weiterzuentwickeln. Dazu bemüht man sich um die Schulung von moralischer Disziplin, Sammlung und Weisheit. Auf diesem Weg kann man die völlige Befreiung aus dem Daseinskreislauf erreichen.

Wenn man sich ernsthaft um die Schulung des Geistes auf dem Weg zur Befreiung bemüht und über entsprechende Erfahrungen und Ergebnisse zu einer grundlegenden Festigkeit der Persönlichkeit gekommen ist, tritt einem auch die Situation der anderen fühlenden Wesen immer deutlicher vor Augen. Dadurch kann sich der Wunsch entwickeln, die Schulung des Geistes in moralischer Disziplin, Sammlung und Weisheit nicht nur zum Zwecke der persönlichen Befreiung anzustreben, sondern vor allem, um den anderen aus ihrer unbefriedigenden, leidvollen Situation zu helfen. Man sieht, daß es wichtig ist, nicht nur den anderen keinen Schaden zuzufügen, sondern ihnen darüber hinaus aktiv zu helfen, ihr Leid zu beseitigen. Mit diesen Gedanken entwickelt sich eine Einstellung, mit der man die anderen, die ja sehr viele sind, wichtiger nimmt als die eigene, einzelne Person. Es entsteht eine echte altruistische Geisteshaltung, der tiefe Wunsch, anderen zu nutzen. Diese Geisteshaltung markiert den Wendepunkt zum Großen Fahrzeug.

Wenn jemand also sagt, er würde gern das Große Fahrzeug ausüben, so müßte man ihm erwidern, daß sein Wunsch sehr gut ist und daß von jetzt an seine Aufgabe darin bestehe, das Wohl der anderen für wichtiger zu halten als das persönliche Wohl. Er müßte sich mehr für das Glück der anderen einsetzen als für das eigene Glück. Er müßte sich darin üben, aus uneigennützigen, altruistischen Motiven die Buddhaschaft anzustreben. Deshalb müßte er all die vielfältigen Handlungsweisen eines Bodhisattva, wie die Sechs Vollkommenheiten, üben, die auf das Wohlergehen der anderen gerichtet sind. Denn diese sind die Ursachen dafür, daß man sich immer mehr der Vollkommenheit eines Buddha nähert.

Diese altruistische Bestrebung nach der Vollkommenheit eines Buddha geht also über die »erste Stufe« der geistigen Entwicklung hinaus, auf der man sich hauptsächlich um die Ethik des Kleinen Fahrzeugs bemüht hat. Denn die persönliche Befreiung aus dem Daseinskreislauf gehört zwar noch immer zu diesem Weg, ist aber nicht das Hauptziel. An ihre Stelle ist als Ziel die vollendete Erleuchtung getreten, die man zu dem Zweck anstrebt, allen anderen fühlenden Wesen zu jeder Zeit und endgültig helfen zu können. Die vollendete Erleuchtung, die ein Buddha erlangt hat, enthält also die Erfüllung des höchsten eigenen Zieles und des höchsten Wohles der anderen.

Es heißt, daß man unendlich viele Ursachen sammeln muß, um den Zustand der Buddhaschaft zu erreichen. Denn man muß alle Fehler beseitigen und sämtliche Tugenden erlangen, die nötig sind, um für die anderen von größtem Nutzen sein zu können. Man muß unendlich vieles lernen und einüben, man muß Verdienst und Weisheit in unendlichem Ausmaß anhäufen. Diese Schulung auf dem Pfad eines Bodhisattva dauert naturgemäß sehr lange. Es heißt in den Schriften sogar, daß der Bodhisattva drei Perioden von jeweils unzähligen Zeitaltern braucht, um sein Ziel der Buddhaschaft zu vollenden. Doch soll man sich dadurch nicht entmutigen lassen. Denn diesen Weg zu gehen hängt ganz allein davon ab, daß man die Kraft und Entschlossenheit aufbringt, das Ziel der Buddhaschaft zum Wohle der anderen anzustreben. Man braucht nicht zu befürchten, daß man nicht genügend Zeit zur Verfügung hat. Denn da unser Bewußtseinskontinuum sich ohnehin ohne Ende in die Zukunft fortsetzt, haben wir auch diese drei Perioden unzähliger Zeitalter Zeit, um Schritt für Schritt uns all die grenzenlosen Tugenden anzueignen, die zur vollkommenen Erleuchtung eines Buddha führen.

Wer eine so weitreichende und tiefgreifende uneigennützige Geisteshaltung einübt, kann ein außerordentlich starkes Mitleid mit den anderen entwickeln. Wer tatsächlich die Geisteshaltung des Großen Fahrzeugs entwickelt, kann das Leid der anderen nicht ertragen, ohne nach Mitteln zu streben, die ihr Leid beseitigen können. Sein Erbarmen kann so stark werden, daß er von seiner Seite aus betrachtet zwar ohne Zögern bereit ist, drei Perioden von unzähligen Zeitaltern zum Nutzen der anderen zu wirken, um das Verdienst und die Weisheit anzusammeln, die zur Buddhaschaft nötig sind. Doch von der Seite der fühlenden Wesen aus betrachtet, ist es ihm unerträglich, daß er so lange Zeit noch nicht in vollem Umfange fähig sein sollte, allen anderen zu helfen. Denn während dieser langen Zeit, da er sich noch auf dem Pfad befindet, bleiben die anderen Wesen weiter in ihrem Leid verstrickt. Sie erleben die großen Qualen in den drei niedrigen Daseinsbereichen. Selbst die Menschen erleben

die unumgänglichen Leiden von Geburt, Altern, Krankheit und Tod. Ihm wird bewußt sein, daß er so lange noch
nicht in der Lage sein wird, andere von ihrem Leid zu
befreien, wie er nicht die Buddhaschaft erreicht hat. Das
ist der Grund, warum er nach Mitteln sucht, die es ermöglichen, sehr viel schneller als in der unvorstellbar
lang erscheinenden Zeit von drei Perioden unzähliger
Zeitalter die Buddhaschaft zu erlangen. Das Motiv, das
ihn nach der Anwendung solcher Mittel suchen läßt, ist
also allein sein großes Erbarmen. Es ist sein Wunsch,
schnell die Hindernisse der Allwissenheit zu beseitigen,
die es verhindern, den andern spontan entsprechend ihrer
Veranlagungen und Neigungen die größte Hilfe zu sein.
Sein Motiv ist keinesfalls, daß ihm persönlich der sehr
lange Zeit dauernde gewöhnliche Pfad zu anstrengend
wäre.

Für Menschen mit dieser Motivation hat Buddha die
Tantras, also die Lehren des Geheimen Mantra gegeben.
Unter den beschriebenen Voraussetzungen in der Geisteshaltung sind diese Lehren sehr hilfreich und man ist
in der Lage, sie sich tatsächlich zu eigen zu machen.

Ich wünsche mir, daß diese Erklärungen zum Dharma
ein wenig Frucht tragen und Ihnen bei dem Versuch
helfen, in Ihrem Leben edle Eigenschaften des Geistes zu
entfalten.

Umwandlung von Glück und Leid in den Pfad

> *Bin ich glücklich, so widme ich die Tugend der weiteren Anhäufung:*
> *Mögen Hilfe und Glückseligkeit den Raum erfüllen!*
> *Leide ich, so nehme ich das Leid aller an:*
> *Möge der Ozean des Leids austrocknen!*
>
> MAHĀSATTVA KÖNTSCHOG GYÄLTSÄN

Ich will darüber reden, wie man sich Glück und Leid auf einem spirituellen Pfad zunutze machen kann. Die Mittel, um »Glück und Leid in den Pfad hineinzunehmen«, sind ein Teil der Geistesschulung eines Bodhisattva. Diese Schulung konzentriert sich hauptsächlich darauf, eine ganz auf die eigenen Interessen gerichtete Einstellung derart umzuwandeln, daß man schließlich die anderen mehr schätzen kann als sich selbst. Damit man diese Mittel der Geistesschulung wirkungsvoll anwenden und dadurch tatsächlich Glück und Leid in den Pfad hineinnehmen kann, sind viele grundlegende, vorbereitende Gedanken notwendig.

Bewußtsein und Karma

Wie sicher vielen bekannt ist, geht man im Buddhismus zum einen von der Kontinuität des Bewußtseins aus. Man glaubt also, daß das Bewußtsein sich von einer Existenz zur nächsten fortsetzt. In der Vergangenheit haben wir schon unzählige Existenzen erlebt, und auch in Zukunft werden wir immer wieder neue Existenzen erleben. Zum anderen sagt der Buddhismus, daß die Existenz, die wir annehmen, in ihrer Qualität davon abhängig ist, welche Taten wir selbst zuvor begangen haben. Solange man diese Erklärungen jedoch nur von außen als eine Aussage des Buddhismus betrachtet, ohne sie auf sich selbst und die eigene Situation zu beziehen, ist ihr Nutzen gering.

Damit diese Unterweisungen eine heilsame Wirkung haben, ist es sehr wichtig, daß man sie auf sich selbst anwendet. Man muß erkennen, daß man selbst derjenige ist, der unzählige Existenzen durchlebt hat, und man es selbst ist, der in der gegenwärtigen Situation keine Selbstbestimmung über das eigene Dasein besitzt, sondern von den vergangenen Handlungen abhängig ist und daher immer wieder unfreiwillig neue Geburt nehmen muß. Man sollte sich bewußt darüber sein, daß diese Vorgänge von subtilen, schwer zu erfassenden Gesetzmäßigkeiten abhängig sind, aber daß man doch selbst diesen Gesetzen unterliegt und all das am eigenen Leibe erlebt, was in den Unterweisungen des Buddhismus darüber erklärt wird.

Um einen Vergleich zu ziehen: Wenn man an einen schönen Ort in den Bergen oder in eine unberührte Landschaft am Meer in Urlaub fahren möchte, um es sich dort gutgehen zu lassen, muß man zwangsläufig selbst das Interesse an der Reise entwickeln und es selbst in die Hand nehmen, die nötigen Vorbereitungen zu treffen. Erst dann kann man erwarten, daß man auch an dem gewünschten Ziel ankommt und der Urlaub so angenehm verläuft, wie man es sich gewünscht hat.

Ähnlich verhält es sich mit unserer Verantwortung für Glück und Leid in der Zukunft, insbesondere in der langen Zukunft nach diesem Leben. Jeder, der sich tatsächlich die ganze Wirkungskraft des Dharma zunutze machen will, muß von dieser Verantwortung wissen. Er muß erkennen, daß ihm persönlich die Aufgabe gestellt ist, die Mittel anzuwenden, die ihm das ersehnte Glück in der Zukunft gewährleisten.

An dieser Stelle mag der Zweifel kommen, daß diese Erklärungen nur aus dem Grund gegeben werden, im Zuhörer eine bestimmte Geisteshaltung auszulösen, und nicht, weil sie die Wirklichkeit beschreiben sollen. Man kann kaum glauben, daß es wahr ist, was bezüglich der Kontinuität unseres Bewußtseins über dieses Leben hinaus, über zukünftige Leben und über die Macht der Taten *(karma)* gesagt wird. Es gibt aber verschiedene Gründe für die Richtigkeit dieser Erklärungen.

Zum einen hat der Buddha, der keinerlei Irrtümern unterliegt und dem ausschließlich daran gelegen ist, anderen zu helfen, immer wieder auf diese Vorgänge und Gesetzmäßigkeiten hingewiesen. Und auch nach dem Buddha hat es in Indien und vielen anderen Ländern, in die sich seine Lehre verbreitet hat, in den unterschiedlichsten Traditionen und Systemen, ob im Kleinen Fahrzeug oder im Großen Fahrzeug, viele Meister gegeben. Sie alle sagen »mit einer Stimme«, daß das Bewußtsein sich von einem Leben zum nächsten fortsetzt, es somit vergangene und zukünftige Existenzen gibt, und daß die einzelnen Daseinsformen abhängig sind von den eigenen vergangenen Taten. Diese Lehren sind ganz allgemein und grundlegend für jede Form des Buddhismus, sie gehören nicht etwa nur zu einigen Ländern oder Traditionen.

Ich kenne andere Religionen nicht genau. Aber ich weiß, daß auch in nicht-buddhistischen Religionen gleiche Gesetzmäßigkeiten angesprochen werden. Im Christentum etwa kommt es klar zum Ausdruck, daß man mit seinen Taten selbst die Verantwortung dafür trägt, was man nach dem Tod an Glück oder Leid erleben wird.

Darüber hinaus hört man heutzutage von Menschen, die über Erinnerungen an vergangene Leben berichten. Sie sind sich sicher, daß sie sich an Situationen früherer Existenzen erinnern, und folgern daraus, daß es auch zukünftige Existenzen geben wird. Sie sind überzeugt, daß ihr Bewußtseinskontinuum weitergeht und ebenso wie in diesem Leben Glück erleben und Leid vermeiden möchte. Aus diesem Grund streben sie nach einer heilsamen Lebensführung.

Zudem gibt es logische Begründungen. Unser Bewußtsein ist in seinem Wesen klar und erkennend, und viele einzelne Augenblicke von Klarheit und Erkenntnis ergeben das Bewußtseinskontinuum, das wir vom heutigen Tag an in die Vergangenheit zurückverfolgen können: Unser Bewußtsein von heute ist die Fortsetzung des Bewußtseins von gestern, dieses von vorgestern, vom letzten Monat, vom letzten Jahr und so weiter. So können wir einen ununterbrochenen Strom von Bewußtsein zurückverfolgen bis in unsere Kindheit. Dort bricht dann unsere Erinnerung irgendwann ab, aber wir wissen natürlich, daß dies nicht bedeutet, daß wir als Kleinkind kein Bewußtsein gehabt hätten. So können wir das Bewußtsein zurückverfolgen bis zur Geburt; und auch zu dem Zeitpunkt kann es nicht ohne vorheriges Bewußtsein begonnen haben. Sicher hatten wir auch im Mutterleib schon Empfindungen und dergleichen. Gehen wir nun weiter zurück bis zur Empfängnis, so müssen wir uns fragen, woher der erste Moment von Bewußtsein – also der erste Moment der Entität von Klarheit und Erkenntnis – in diesem Leben stammt. Nach dem Gesetz der Kausalität kann ein Produkt, was seine *substantielle Ursache* angeht, nicht aus völlig artfremden Ursachen entstehen. Das heißt, der erste Augenblick von Klarheit und Erkenntnis kann unmöglich substantiell von den körperlichen Keimzellen der Eltern verursacht sein. Er muß, wie auch jeder andere Bewußtseinszustand in unserem Leben, die Fortsetzung eines vorherigen Zustands von Klarheit und Erkenntnis sein. So schließt man auf die Existenz des Bewußtseins vor diesem Leben. Ein Wesen ist gestorben, und sein Bewußtseinskontinuum hat sich mit dem neuen Körper – entstanden aus den Körperzellen der Eltern – verbunden. Die in den vergangenen Leben angesammelten karmischen Anlagen und Eindrücke haben wir als angeborene Veranlagungen mit in dieses Leben gebracht. Wenn dies für die Entstehung dieses Lebens gilt, muß es auch für die Zukunft gelten, solange Begierde und ähnliche Geisteszustände bestehen und wir befleckte Taten ansammeln.

Weil diese Vorgänge äußerst subtil sind, haben wir sie bisher nicht erkannt und können deshalb auch kaum an ihre Existenz glauben. Untersucht man jedoch die diesbezüglichen Aussagen des Buddha und prüft sie mit korrekten, logischen Argumenten, so findet man keine Begründung dafür, daß sich das Bewußtsein nach dem Tod nicht fortsetzen sollte und folgende Existenzen nicht von den eigenen Handlungen abhängig sein sollten – ganz im Gegenteil, es spricht vieles dafür.

Aus all dem wird klar, daß man eine große Verantwortung trägt, was die eigene Zukunft angeht. Man selbst ist verantwortlich dafür, Mittel anzuwenden, die einem in der Zukunft gewünschtes Glück gewährleisten und verhindern, daß man unerwünschtes Leid erfahren muß. Als der tibetische Fürst Dschang-tschub-ö den großen indischen Meister Atiśa nach Tibet einlud, bat er Atiśa schon in der Einladung darum, daß er seine Unterweisungen in Tibet auf die grundlegenden Lehren des Buddha über

Taten und ihre Wirkungen sowie den Fortgang des Bewußtseins abstimmen möge. Er bat ihn, stets auf diese wesentlichen Lehren Wert zu legen und nicht gleich zu den höchsten Lehren überzugehen, weil die Leute sie gern hören möchten. Atiśa war über diese Bitte hocherfreut und lehrte daraufhin in Tibet bis zu seinem Lebensende.

Unheilsame und heilsame Handlungen

Wenn man Dharma wirkungsvoll ausüben möchte, muß ein solides Fundament vorhanden sein. Deshalb ist es wichtig, sich im Leben stets bewußt zu sein, daß angenehme Erfahrungen, Glück und Wohlergehen von eigenen heilsamen Handlungen abhängig sind. Erfährt man etwas Angenehmes im Leben, so führt man sich vor Augen, daß dieses Glück ein Resultat eigener heilsamer Handlungen der Vergangenheit ist. Wenn man auch in Zukunft wieder Glück erleben möchte, und das möchte man ohne Zweifel, ist es wichtig, jetzt wieder heilsame Taten »anzuhäufen«.

Genauso trifft man im Leben aber auch auf viele Schwierigkeiten, Bedrängnisse und Leiden. Natürlich sind diese zum Teil auch von den gegebenen äußeren Umständen abhängig. Aber zu einem großen Teil hängen sie auch von eigenen Handlungen ab, die man in der Vergangenheit begangen hat; denn diese haben ihre Eindrücke, ihre karmischen Anlagen, im eigenen Geist hinterlassen und wirken sich jetzt so aus, daß man ungewollt Bedrängnis erlebt. Auch in solchen Situationen muß man sich also bewußt sein, daß das Leid aus Handlungen entstanden ist, die man selbst begangen hat. Man sollte diese Situation daher auch zum Anlaß nehmen, den Vorsatz zu fassen, von jetzt an besser darauf zu achten, daß man nicht immer wieder solche leidverursachenden, unheilsamen Handlungen anhäuft. Diese Denkweise ist äußerst wichtig und grundlegend für eine effektive Anwendung des Dharma.

Um sich vor unheilsamen Handlungen zu schützen, muß man wissen, was unheilsame Handlungen sind. Hauptsächlich sind dies die Zehn Unheilsamen Handlungen, wie sie schon zuvor besprochen wurden. Die drei unheilsamen Handlungen, die mit dem Körper durchgeführt werden, sind:

1. Töten,
2. Stehlen,
3. sexuelle Verfehlungen.

Die vier unheilsamen Handlungen der Rede sind:

1. Lügen,
2. Zwietracht säen,
3. verletzende Rede,
4. sinnlose Rede.

Die drei unheilsamen Handlungen im Denken sind:

1. Habgier,
2. Übelwollen,
3. falsche Ansichten.

Zuerst sollte man wissen, was das Wesen dieser unheilsamen Handlungen ist; und man sollte auch ihre Ursachen kennen, nämlich schlechte Eigenschaften des Geistes wie Haß und Begierde. Die vielen fehlerhaften Eigenschaften des Geistes werden in den Lehren über Höheres Wissen *(abhidharma)* zusammengefaßt zu den Sechs Wurzelleidenschaften und den Zwanzig Nebenleidenschaften.

Diese muß man kennenlernen und sich damit vertraut machen, sie als die eigentlichen Ursachen für das unerwünschte Leid anzusehen, in das man immer wieder unfreiwillig gerät. Aus solcher Kenntnis heraus kann man sich nach besten Kräften davor bewahren, den leidverursachenden Emotionen im eigenen Geist freien Lauf zu lassen und von ihnen motiviert all die unheilsamen Handlungen zu begehen.

Wenn wir uns über längere Zeit mit Dharma beschäftigt haben, denken wir vielleicht schon etwas zu nachlässig über die Zehn Unheilsamen Handlungen. Wir meinen, daß wir nun schon oft etwas über sie gehört haben, sie nun auswendig wissen und aufzählen können, und gehen dann leichtfertig über sie hinweg. Aber das auswendige Aufsagenkönnen hilft noch gar nichts. Viel wichtiger ist es, sich dieser Handlungen im Leben bewußt zu sein und sich immer wieder zu vergegenwärtigen, aus welchen Emotionen und fehlerhaften Denkweisen sie hervorgehen. Dann muß man sich bemühen, in den verschiedensten Lebenssituationen bewußt und wachsam zu denken und zu handeln, und darauf achtgeben, daß diese leidverursachenden, negativen Eigenschaften im eigenen Geist nicht stark anwachsen und überhandnehmen, so daß man unter ihrem Einfluß zwangsläufig unheilsame Handlungen begeht.

Um sich mit diesen Dingen immer vertrauter zu machen, so daß eine Bewußtheit im Leben entstehen kann, ist es wichtig, daß man über die verschiedenen heilsamen und leidverursachenden Eigenschaften des Geistes und die verschiedenen heilsamen und unheilsamen Handlungsweisen etwas hört und liest, aber auch selbst darüber nachdenkt, mit Freunden darüber spricht und Lehrer fragt.

Schulung der Achtsamkeit

In den Texten zur Geistesschulung heißt es über Zweifel und falsche Vorstellungen, daß sie »abgeschnitten« werden sollten. Durch die Kenntnis und das Vertrautsein mit diesen Unterweisungen muß man stetige Vergegenwärtigung und Wachsamkeit entwickeln. Das heißt, daß man in allen Lebenssituationen sich selbst beobachtet und sich vergegenwärtigt, welche Denk- und Handlungsweisen unheilsam und welche heilsam sind, ob beim Essen, beim Gehen oder im Umgang mit anderen Menschen. In den verschiedensten Situationen muß man sich vergegenwärtigen, welche Eigenschaften des Geistes negativ sind, und ob man sich gerade jetzt bemühen muß, sie zu vermindern. Man muß sich zugleich daran erinnern, welche Eigenschaften des Geistes positiv sind, so daß man versuchen kann, sie zu stärken. Und ebenso muß man sich stets ins Gedächtnis rufen, welche körperlichen und sprachlichen Handlungen man ausführen und welche man lassen sollte. Dazu überprüft man immer wieder mit wachsamer Selbstbeobachtung, ob man sich auch entsprechend verhält. Vergegenwärtigung und aufmerksame Selbstprüfung in jeder Situation sind also sehr wichtige Mittel, wenn man Dharma im Leben ausüben will.

In den Schriften wird die wachsame Selbstbeobachtung mit einem Wächter verglichen, der sehr aufmerksam darauf achtet, was in seinem Gebiet passiert und ob irgendwelche Gefahren im Verzug sind. Das Gebiet, das unser »innerer Wächter« beaufsichtigen muß, ist unser Denken und unser Verhalten. Die Vergegenwärtigung ist der Faktor des Geistes, mit dem man ständig ins Gedächtnis ruft, was im Sinne der Unterweisungen des Dharma in einer Situation zu tun und zu lassen ist.

In den Anweisungen zum Geistestraining heißt es, daß Glück und Leid im Leben in den Pfad hineingenommen werden sollen. Die verschiedenen angenehmen und unangenehmen Situationen, auf die man im Leben trifft, will man sich so zunutze machen, daß sie zu Fortschritten bei der Schulung des Geistes auf dem spirituellen Pfad beitragen.

Glück existiert abhängig

Wenn man in eine angenehme Situation gerät, gibt es eine bestimmte philosophische Ansicht, die einem dabei hilft, das erlebte Glück auf dem Weg zur Befreiung dienlich zu machen. Diese Ansicht hat mit der Leerheit *(śūnyatā)* zu tun, also der letztgültigen Seinsweise aller Phänomene. Zuerst erfaßt man das Objekt der Negation, das in der scheinbar wahren Existenz der Phänomene besteht. Dann macht man sich bewußt, daß es eine solche wahre Existenz nicht geben kann und schließt im Geist das Objekt der Negation aus. Die wahre Existenz wird also von der Leerheit ausgeschlossen; die Leerheit ist nichts anderes als die Abwesenheit einer wahren, selbständigen Existenz in den Phänomenen.

Wenn man von der Leerheit spricht oder an sie denkt, ist es sehr wichtig, daß man sich klar vor Augen führt, was eigentlich von ihr negiert wird. Denn »Leerheit« bedeutet, daß etwas nicht vorhanden ist, daß etwas fehlt. Dieser von der Leerheit negierte Aspekt ist etwas, was uns im Leben fortwährend erscheint. Wenn wir auf irgendwelche Dinge treffen, scheinen sie uns etwas zu sein, das von verschiedenen anderen Faktoren wie Ursachen, Umständen und zusammensetzenden Teilen ganz unabhängig ist. Das Wahrgenommene scheint aus sich selbst heraus eigenständig zu existieren. Es scheint etwas ganz Greifbares zu sein, das ganz aus sich, unabhängig von irgendwelchen anderen Phänomenen uns Glück oder Leid bereitet. Es hat für uns den Anschein, als existierten alle Dinge, die wir wahrnehmen, in dieser Art und Weise.

Tatsächlich sind wir an diese Erscheinungsweise der Dinge sehr stark gewöhnt. Wir haben das Gefühl, als sei es ganz normal, daß uns die Dinge so erscheinen, und wir hegen keinerlei Zweifel, daß daran irgendetwas falsch sein könnte. Dies ist aber nur auf die lange Gewöhnung zurückzuführen, mit der wir die Objekte als etwas Unabhängiges, aus sich selbst Bestehendes auffassen. In Wirklichkeit gibt es nichts, was unabhängig aus sich selbst bestehen könnte und unabhängig Leid und Glück verursachen könnte. Es gibt nicht einmal ein kleinstes Teilchen, das aus sich bestehen könnte.

Ein einfaches Beispiel. Eine Blume besteht wohl aus vielen Millionen Teilchen, und doch ist jedes dieser Teilchen von vielen Faktoren abhängig. Als Teile der Blume sind sie von der Blume selbst, also dem Ganzen, abhängig. Ebenso sind sie von den Ursachen der Blume – dem Samen, der Erde, den Nährstoffen, der Feuchtigkeit, dem Licht und der Wärme – abhängig. Es müssen sehr viele Ursachen und Umstände zusammenkommen, damit ein einziges kleines Partikel der Blume bestehen kann. Das Ganze, in diesem Fall die Blume, ist ebenso abhängig. Es ist von den vielen Teilen der Blume, wie ihrer Gestalt und ihrer Farbe, abhängig, und ebenso ist es von ihren Ursachen, wie den Umständen für ihr Wachstum, abhängig.

Doch erscheint uns die Blume auf den ersten Blick wie etwas, das ganz aus sich selbst besteht. Ist sie attraktiv, so denken wir: »Welch eine schöne Blume!«, und es scheint, daß dort etwas Greifbares, aus sich selbst heraus Existierendes ist, was uns Freude macht. Wir benutzen Blumen, um einen Raum zu dekorieren, um jemandem Glück zu wünschen, jemandem eine Freude zu bereiten, und bei all dem gehen wir wie selbstverständlich davon aus, daß die Blume etwas greifbar von ihrer Seite her Bestehendes, Unabhängiges ist. Tatsächlich ist die Blume aber von sehr vielen Faktoren abhängig, wie ihren Teilen, Ursachen und Umständen, und nur in Abhängigkeit von all diesen kann sie ihre Funktionen erfüllen und uns Freude bereiten. Am Geburtstag wird uns vielleicht ein herrlicher Strauß geschenkt. Wir haben das Gefühl, als bekämen wir etwas in sich Schönes geschenkt, und es entsteht eine spontane Freude im Geist. Diese Freude ist eine Art des Glücks, des Wohlergehens. Der Gebende schenkt mit der Absicht, Freude zu bereiten; der Nehmende nimmt das Geschenk mit der Absicht, Freude zu erfahren. Und tatsächlich entsteht daraufhin Fröhlichkeit in seinem Geist. Genauer gesagt entsteht eine angenehme Empfindung, die »Glück« genannt wird. Sowohl der Gebende als auch der Empfänger als auch alle anderen, die den Akt des Schenkens beobachten, gehen unbewußt davon aus, daß dieser Vorgang eine unabhängige, aus sich bestehende Begebenheit ist. Es scheint, als hätten die Blume, das Schenken, die Freude und was noch daran beteiligt ist ihr eigenes, unabhängiges Sein.

Auf diese Weise erscheint einem ein aus sich bestehendes Glück, und man bestätigt diese Erscheinung, indem man davon ausgeht, daß sie die eigentliche Realität ist. Folglich erwartet man, daß sich dies vermeintlich unabhängige Glück auch in Zukunft weiter fortsetzen wird. Wenn man seinen Verstand gut benutzt, kann man jedoch viele Untersuchungen darüber anstellen, wie das erlebte Glück eigentlich existiert.

Man erfährt etwas Nützliches, Förderliches. Dadurch entsteht Glück, eine Empfindung des Wohlergehens. Aber wer oder was erlebt dieses Glück eigentlich? Ist es der Körper? Ist es der Geist? Man hat das Gefühl, das Glück bestehe aus sich selbst. Man muß fragen: Ist dieses aus sich selbst bestehende, unabhängige Wohlsein mit dem Körper oder mit dem Geist verbunden? Existiert es im Körper oder im Geist? Im Körper kann es kein unabhängiges Glück geben: Wir wissen, daß unser Körper von der Zeit, als wir noch im Mutterleib waren, bis jetzt genährt worden und gewachsen ist. Daß er sich in dem jetzigen Zustand befindet, beruht also auf sehr vielen Ursachen und Umständen. Daher ist es unmöglich, im Körper etwas zu finden, das aus sich selbst heraus existieren könnte. Denn daraus, daß der Körper als Ganzes von vielen Ursachen und Umständen abhängig ist, folgt, daß nicht ein einziger Teil des Körper unabhängig sein kann. Man kann also eindeutig feststellen, daß im Körper kein unabhängiges Glück existieren kann.

Bleibt noch der Geist. Man fragt sich: Existiert das Glück, das man erlebt, im Geist als etwas Unabhängiges, aus sich Bestehendes? Glück ist eine angenehme Empfindung; und Empfindung ist ein Teil des Bewußtseins. Wenn ein einzelner Teil oder Faktor des Bewußtseins unabhängig existierte, so müßte auch das Ganze, das Bewußtsein selbst, aus sich selbst existieren – unabhängig von Ursachen, Umständen, Teilen und anderen Phänomenen. Ein Bewußtseinszustand kann jedoch niemals aus sich selbst heraus bestehen. Jede Wahrnehmung ist abhängig von vielen Faktoren: von dem Sinnesorgan, von dem wahrgenommenen Objekt und von vielen inneren Faktoren, den verschiedenen Aspekten oder Teilen der Wahrnehmung, etwa dem Teil, der die Fortsetzung der

Wahrnehmung eines Augenblicks zuvor ist. Es gibt kein gegenwärtiges Bewußtsein, das aus sich selbst heraus existiert; es gab keines in der Vergangenheit und wird in Zukunft keines geben.

Wir wissen von der äußeren Materie, daß sie sich in jedem Augenblick verändert. Diese Veränderungen in den kleinsten Zeitabschnitten kann man bei genauer Untersuchung feststellen. Das gleiche gilt für den Geist; er ändert sich in jedem kleinsten Augenblick.

Aus all diesen Anzeichen folgt, daß es eine unabhängige, aus sich bestehende Glücksempfindung nicht geben kann. Vielmehr ist die Empfindung von Glück etwas ganz und gar Abhängiges; dementsprechend wandelt sie sich auch zwangsläufig mit den sich verändernden Ursachen und Umständen. Eine unabhängige Empfindung des Wohlseins ist weder im Körper noch im Geist zu finden. Deshalb macht man sich in der Situation, in der man Glück empfindet, bewußt, daß die Erscheinungsweise, das Glück bestehe aus sich, nicht der Realität entspricht, sondern täuschend ist. Es gibt keine unabhängige, inhärente Empfindung von Glück. Mit diesem Gedanken verneint man eine aus sich bestehende, unabhängige Glücksempfindung, und damit wird der Geist auf die bloße Abwesenheit eines unabhängigen Glücks gerichtet. Es ist also eine ganz bestimmte Leere, auf die man den Geist lenkt.

In der Meditation ist es wichtig, sich so gut man kann zuerst mit Argumenten zu vergegenwärtigen, daß den Dingen, wie etwa der Empfindung von Glück, ein inhärentes, aus sich bestehendes Sein nicht zukommen kann, und sich dann auf diese Leere, also das Nicht-Vorhandensein eines unabhängigen Bestehens, zu konzentrieren.

106

Die Abwesenheit des aus sich bestehenden Glücks ist eine bloße, weil nichts bestätigende, Verneinung einer unabhängigen Glücksempfindung. Diese bloße Negation von Unabhängigkeit ist die letztgültige Bestehensweise der Empfindung von Glück. Sie ist die Leerheit der Empfindung von inhärenter Existenz. Sich auf diese Leerheit zu konzentrieren ist das wesentliche Mittel auf dem Weg zur Befreiung.

Die Motivation ist entscheidend

Die Wirkung der Meditation hängt entscheidend von der zugrundeliegenden Motivation ab. Die korrekte Motivation kommt in dem bekannten Vers der Zufluchtnahme und der Erzeugung des Erleuchtungsgeistes zum Ausdruck:

Bis zur Erleuchtung nehme ich Zuflucht zu Buddha, der Lehre und der Geistigen Gemeinschaft. Möge ich durch das Verdienst des Gebens und der anderen Vollkommenheiten die Buddhaschaft verwirklichen, um den Lebewesen zu helfen.

Mit der altruistischen Motivation, wie sie hier zum Ausdruck kommt, führt man die Meditation als Mittel durch, die Erleuchtung zum Nutzen der anderen zu erreichen. Mit einer solchen Motivation führt die Meditation auf den Weg zum Zustand eines Buddha. Die Erkenntnis der Leerheit, der Abwesenheit einer unabhängigen, inhärenten Existenz, wird so im *Wahrheitskörper (dharmakāya)* eines Buddha resultieren. Diese Meditation über die Leerheit sollte man möglichst regelmäßig durchführen, wie es die Zeit erlaubt.

Hat man schon eine Beziehung zu den tantrischen

107

Lehren des Buddha und vielleicht schon Initiationen tantrischer Gottheiten erhalten und führt die damit verbundenen Meditationen durch, so macht man sich zu Beginn einer jeden Meditation die Leerheit von inhärenter, unabhängiger Existenz der Person und aller Phänomene bewußt und übt dann, daß der eigene Geist in diesem Zustand der Erkenntnis der Leerheit die Gestalt der Gottheit annimmt, ähnlich wie im Raum durch das Zusammenkommen der geeigneten Umstände spontan ein Regenbogen erscheint. Auf diese Weise visualisiert man sich selbst als Gottheit, etwa als die Gottheit Avalokiteśvara, die das Erbarmen aller Buddhas verkörpert, als die Gottheit Tārā, die die Heilsaktivität sämtlicher Buddhas verkörpert, oder als eine der anderen Gottheiten, die jeweils die Verkörperung bestimmter hervorragender Eigenschaften des Buddha sind.

Wer keine solchen Initiationen erhalten hat, kann sich zuerst die Leerheit von inhärenter Existenz bewußt machen und sich dann denken, daß in dieser Leerheit, die dem leeren Raum ähnlich ist, der eigene Körper eine reine, makellose Natur annimmt, so daß er einem göttlichen Körper ähnlich wird. Man stellt sich vor, daß er nicht länger dieser gewöhnliche Körper aus Fleisch, Blut und Knochen ist, der mit vielen Unreinheiten und Nachteilen behaftet ist, sondern zu einem göttlichen, unbefleckten Körper wird.

Dieser Teil der Meditation, sich selbst in einem göttlichen Aspekt zu visualisieren, ist die eigentliche Ursache dafür, den *Formkörper (rūpakāya)* eines Buddha zu entwickeln. Ein Buddha wird niemals den Zustand des Wahrheitskörpers verlassen, sein Geist befindet sich stets in tiefer Versenkung in die endgültige Wirklichkeit, und doch nimmt sein Geist gleichzeitig mannigfaltige körperliche Gestalt an, um den unendlich vielen fühlenden Wesen entsprechend ihren vielfältigen geistigen Voraussetzungen, Veranlagungen und Neigungen zu helfen. So verkörpert er sich für Bodhisattvas, die sich auf einer hohen Ebene geistiger Reinheit befinden, als *Körper Vollkommenen Erfreuens (saṃbhogakāya)*. Die wesentliche Ursache für diesen Buddhakörper ist die Visualisation von sich selbst in einer göttlichen, vollendeten Gestalt.

Der Ausgangspunkt ist die Situation, in der man Glück erlebt, man untersucht diese Empfindung von Glück, wie sie existiert: ob sie so existiert, wie sie erscheint, unabhängig, aus sich selbst heraus. Als Antwort findet man, daß das erlebte Glück nicht aus sich selbst heraus existiert, also nicht so, wie es erscheint. Die andere Frage, die man sich daraufhin stellen könnte, ist, ob die Empfindung von Glück überhaupt existiert. Es wäre jedoch ganz falsch anzunehmen, aus der Tatsache, daß die Empfindung NICHT INHÄRENT EXISTIERT, folgte, daß sie überhaupt NICHT EXISTIERT.

Man erlebt eine Empfindung, sie existiert; und zwar gerade deswegen, weil die verschiedenen nötigen Ursachen und Umstände zusammengekommen sind, durch die die Empfindung in die Existenz kommt, von denen sie abhängig ist. Sie existiert also gerade, weil sie nicht unabhängig ist.

Wenn man am Geburtstag den Blumenstrauß bekommt, kann man sich fragen, wovon das Glück, das man gerade erlebt, abhängig ist. Unter anderem kommt es durch den befreundeten Menschen zustande, der einem die Blumen schenkt, und natürlich durch das Objekt selbst. Dies bildet den gegenwärtigen Umstand für das Glück. Aber es gibt noch mehr Ursachen, insbeson-

109

dere innere Ursachen. Diese inneren Ursachen sind heilsame Handlungen, die man in der Vergangenheit durchgeführt hat. Sie haben ein entsprechend heilsames Potential im Geist hinterlassen, und dieses Potential wirkt sich unter den gegenwärtigen äußeren Umständen aus, so daß man Freude erleben kann.

Weiter kann man sich denken, daß diese heilsame innere Anlage, die nun Glück hervorruft, sicher nicht die einzige ist. In der langen Vergangenheit hat man in den unzähligen Existenzen sicher schon oft heilsame Handlungen begangen, und die guten Anlagen davon sind im Geist vorhanden. Man kann sich fragen, ob es angemessen ist, diese heilsamen Anlagen und das daraus resultierende Glück nur für sich selbst zu nutzen, oder ob es nicht viel angebrachter wäre, wenn auch die vielen anderen Lebewesen etwas davon hätten. Mit solchen Gedanken kann man das heilsame, glückbringende Potential, das man in sich trägt, den anderen zu ihrem Glück und Wohlergehen widmen. Wenn man selbst den Pfad des Großen Fahrzeugs beschreiten möchte, ist das Wesentliche dabei, daß man die Haltung übt, die anderen mehr zu lieben als sich selbst, sich mehr auf das Wohlergehen der anderen zu richten als auf das eigene Wohlergehen. Man bemüht sich um das altruistische Streben nach Erleuchtung *(bodhicitta)*, und ganz im Einklang damit steht es, das Heilsame, Glückverursachende, das man selbst besitzt, den anderen zugute kommen zu lassen. Deshalb wünscht man sich, daß die eigenen heilsamen inneren Anlagen sich zum Wohlergehen der anderen auswirken mögen und daß sie dadurch zeitliches und schließlich dauerhaftes, endgültiges Glück erreichen mögen.

Solche Wunschgebete findet man unter anderem im

Eintritt in das Leben zur Erleuchtung von Śāntideva (III, 6):

Durch das Gute, das ich durch solches Tun erlangt habe, möge ich fähig sein, alle Leiden aller Wesen zu stillen.

Man widmet die eigenen heilsamen Anlagen dem Ziel, ein Führer der Wesen zu werden, der ihnen zeigt, was sie sich aneignen und was sie aufgeben müssen, um dauerhaftes Glück zu finden. Das eigene Heilsame möge als mannigfaltige Hilfe für andere heranreifen, so wie es der jeweiligen Situation angemessen ist (III, 17-18):

Möge ich den Schutzlosen ein Beschützer sein, ein Führer den Reisenden, denen, die zum anderen Ufer wollen, ein Boot, ein Damm, eine Brücke, eine Lampe für die, die eine Lampe brauchen, ein Bett für die, die ein Bett brauchen, ein Diener für alle Lebewesen, die einen Diener brauchen.

So macht man Wunschgebete, daß die guten Resultate der eigenen heilsamen Handlungen in jeder Weise den anderen zugute kommen mögen. In einem Text zur Geistesschulung, der beschreibt, wie Glück und Leid in den Pfad hineinzunehmen sind, heißt es: »Wenn ich Glück erlebe, widme ich es dem Ziel, all das zu sammeln, was den anderen hilft. Ich widme es der großen Anhäufung von Tugend.«

Wenn man Glück erfährt, kann man sich bewußt machen, daß solches Glück von heilsamen Handlungen, die man begangen hat, abhängig ist. Das heilsame Potential dieser Handlungen widmet man dem Ziel, sich all die vielfältigen Tugenden und Fähigkeiten anzueignen, die den anderen helfen: »Mögen meine heilsamen Handlungen so zu Hilfe und Glück der Wesen heranreifen, daß

der ganze Raum davon erfüllt wird.« Die eigenen heilsamen Anlagen mögen Ursache sein für zeitweilige Hilfe
als auch für endgültiges, dauerndes Wohlergehen der
Wesen.

Diese Wunschgebete und Widmungen sind die hauptsächliche Ursache dafür, daß man später den Ausstrahlungskörper *(nirmānakāya)* eines Buddha annimmt und
sich in vielfältiger Weise manifestieren kann, um den
Wesen entsprechend ihren individuellen Veranlagungen
die größte Hilfe zu sein.

Auf den ersten Blick mag es scheinen, als hätten diese
Wünsche kein wirkliches, greifbares Resultat. Tatsächlich aber ist das Gesetz des Abhängigen Entstehens sehr
komplex und wirkt auf einer subtilen Ebene.

Es kommt schon in ganz einfachen Situationen vor,
daß wir zuerst etwas kaum glauben können und uns dann
doch eines Besseren belehren lassen müssen. Nehmen
wir an, jemand, der das Autofahren nicht beherrscht,
schaut einem anderen Menschen dabei zu. Es sieht für ihn
alles ganz einfach und spielerisch aus; wenn er jedoch
selbst hinter dem Steuer sitzt und nicht die richtigen
Hebel und Knöpfe zu bedienen weiß, merkt er bald, daß
es eine schwierige Tätigkeit ist. Seine ursprüngliche Einstellung dazu entsprach nicht der Wirklichkeit. Dies gilt
um so mehr für die tiefgründigen Pfade, die der Buddha
gelehrt hat, nachdem er sich über sehr lange Zeit geschult
und dadurch allumfassende Erkenntnis entwickelt hatte.
Vieles in seiner Lehre ist so subtil, daß wir es beim ersten
Hören kaum glauben können. Tatsächlich wird es auch
schwierig für uns sein, die Lehre selbst nachvollziehen zu
können, wenn wir nur hier und da ein Buch lesen oder
einem Vortrag zuhören. Erst wenn man die Mittel, die
Buddha in seiner Lehre gibt, selbst anwendet, kann man

etwas von ihrem eigentlichen inneren Gehalt, ihrem »Geschmack«, erfahren.

Wenn man im Leben an Dharma interessiert ist und es sich zunutze machen möchte, sollte man sich deshalb nicht damit zufriedengeben, bloßes Wissen anzuhäufen, um anderen etwas darüber erzählen oder Unterschiede zu anderen religiösen Systemen analysieren zu können.

Wenn man nicht in der Lage ist, Mittel anzuwenden, um die unterschiedlichen angenehmen und unangenehmen Situationen im Leben in den Pfad umzuwandeln und eine ausgeglichene, gefestigte Geisteshaltung beizubehalten, so entstehen verschiedene Nachteile. In angenehmen Situationen kommt dann sehr leicht Begierde auf, man hängt an dem Angenehmen, und hinterläßt durch solches Verlangen wieder neue schädliche Eindrücke im eigenen Geist. In unangenehmen Situationen läuft man sehr leicht Gefahr, völlig niedergeschlagen zu sein, den Mut zu verlieren oder zu verzweifeln; und durch die bedrückte geistige Verfassung können sogar körperliche Krankheiten entstehen. Durch die innere Unzufriedenheit in unangenehmen Situation verliert man leicht auch die innere Ruhe, und es kommen Ärger, Haß und Wut auf, die für einen selbst wie für andere schädlich sind.

Leid existiert abhängig

Wenn wir im Leben plötzlich mit einer leidvollen Situation konfrontiert werden, haben wir oft das Gefühl, daß es außer uns wohl keinen Menschen auf der Welt gibt, der ein ähnliches Leid erfahren muß. Unser Fehler ist, daß wir die Leidenssituation der Wesen insgesamt mit ihren Hintergründen und Umständen nicht kennen. Denn Leiden gibt es überall auf der Welt, sowohl körperliche

Krankheiten als auch geistige Probleme. Kurz, es gibt keinen Menschen auf der Welt, mag er hoch oder niedrig gestellt sein, dessen Wünsche sich spontan erfüllen und der völlig zufrieden ist. Vielleicht findet man keine Ausbildung, wie man sie gern hätte, oder nicht die gewünschte Arbeitsstelle. Oder man ist mit der Arbeitsstelle nach einiger Zeit nicht mehr zufrieden. Man muß zuviel arbeiten, verdient zuwenig Geld, kommt mit den Kollegen nicht aus oder fühlt, daß die Arbeit nicht den eigenen Veranlagungen und Neigungen entspricht. Betrachtet man hochgestellte Persönlichkeiten in der Gesellschaft, so mögen sie auf den ersten Blick sehr beeindruckend scheinen, und man glaubt vielleicht, daß es ihnen sehr gut geht. Sie sind stets elegant gekleidet und ihr Haar ist immer gut in Form. Aber wahrscheinlich sind sie nur äußerlich so eindrucksvoll, in ihrem Innern gibt es sicher eine ganze Reihe von Problemen. Politiker möchten ganz bestimmte Ziele erreichen und eine ganz bestimmte Politik machen. Aber oft finden sie nicht die nötige Unterstützung und treffen auf viele Hindernisse. Andere Menschen sind mit ihren Vorhaben nicht einverstanden, protestieren und setzen alles daran, die Durchsetzung ihrer Pläne zu verhindern. Sie werden stets kritisiert und angegriffen und müssen sich sehr bemühen, die richtigen Antworten zu finden, um sich zu verteidigen. So gibt es keinen, der nicht eine Vielzahl geistiger Schwierigkeiten erlebt. Obwohl das bei jedem so ist, scheint es in dem Moment, in dem man selbst in Bedrängnis gerät, doch so, als seien die eigenen Probleme die einzigen auf der Welt, denn man kennt nur das eigene Leid aus persönlicher Erfahrung.

In einem Zustand persönlicher Schwierigkeiten erscheint das Leid wieder als etwas völlig Unabhängiges, aus sich Bestehendes; es scheint als etwas Großes, konkret Greifbares, das schwer auf den eigenen Schultern lastet, und es scheint niemanden zu geben, der Ähnliches erlebt. Auch hier kann man wieder untersuchen, ob die Bedrängnis so existiert, wie sie erscheint. Dazu kann man sich fragen, ob man eine so greifbare und unabhängige Bedrängnis überhaupt finden kann, sei es im Körper oder im Geist. Da man sie selbst erlebt – man denkt ja: »Ich erlebe Leid« –, muß sie auch irgendwo im eigenen Körper oder Geist zu finden sein.

Der Körper hat sich über längere Zeit unter dem Einfluß vieler Ursachen und Umstände so ausgebildet, wie er jetzt ist. Darüber hinaus ist er von seinen Organen und anderen Teilen und Aspekten abhängig. Man weiß, daß er in seiner eigentlichen Natur etwas völlig Abhängiges ist. In einem ganz und gar abhängigen Körper kann es aber unmöglich ein so festes, unabhängiges Leid geben. Man kann also eindeutig urteilen, daß ein aus sich bestehendes Leid, wie es einem erscheint, im eigenen Körper nicht existiert. Eine andere Möglichkeit bliebe, daß es im Geist existiert. Genauso wie Glück ist Leid eine Empfindung, und die Empfindung ist ein Teil des Bewußtseins. Wenn nun die leidvolle Empfindung als ein Teil des Bewußtseins so aus sich bestünde, wie sie erscheint, dann müßte auch der »Teilebesitzer«, also der Bewußtseinszustand als Ganzes, auf diese unabhängige Weise existieren. Fragen wir uns, woher das gegenwärtige Bewußtsein, mit dem wir Leid erleben, kommt. Wir wissen, daß es ein Augenblick in einem langen Kontinuum von Bewußtsein ist, das wir immer weiter, über dieses Leben hinaus, zurückverfolgen können. Ursachen des gegenwärtigen Bewußtseins liegen schon in der vergangenen Existenz, in der man vielleicht ein Mensch war, vielleicht ein anderes Lebewesen. Schließlich ist man in diese Welt geboren worden, war zuerst im Mutterleib, dann ein kleines Kind, ist allmählich gewachsen: Seit unendlicher Zeit bis in die gegenwärtige Situation hinein gab es einen ununterbrochenen Strom von Bewußtsein, in dem Bewußtseinszustand auf Bewußtseinszustand folgte. In dieser langen Zeit war der Bewußtseinsstrom vielen Veränderungen ausgesetzt; denn das Bewußtsein ist ein augenblickliches Phänomen. Es wandelt sich von Moment zu Moment. Es ist also etwas sehr Veränderliches, das von den jeweiligen Bedingungen abhängig ist. So ist es in jedem Moment abhängig von den herrschenden Ursachen und Umständen, die zu diesem Bewußtseinsmoment geführt haben, und sobald die bedingenden Ursachen und Umstände vergehen, geht es selbst zu Ende, und ein neues Bewußtsein, eine neue Wahrnehmung, entsteht.

Wenn jedes Bewußtsein als Ganzes derart völlig abhängig ist von den jeweils herrschenden Ursachen und Umständen, dann muß das gleiche auf alle seine Teile zutreffen, auch für die leidvolle Empfindung. Sie ist also ganz und gar abhängig, und man kann daher ein eindeutiges Urteil fällen, daß es eine so unabhängige, aus sich existierende Empfindung, wie sie einem erscheint, nicht gibt.

Es ist sehr wirksam, wenn man sich bewußtmacht, daß es eine Bedrängnis, die ganz von ihrer eigenen Seite her existiert und auf nichts anderem beruht, tatsächlich nicht gibt, und wenn man dann versucht, sich auf diese bloße Abwesenheit einer solchen inhärenten Bedrängnis zu konzentrieren. Diese Leerheit von einer von ihrer eigenen Seite her bestehenden Leidempfindung ist die endgültige Bestehensweise des Leids. Selbst wenn man dies noch nicht mit unumstößlicher Erkenntnis versteht, aber zumindest schon ein korrektes erstes Verständnis davon gefunden hat, so hat dieses doch schon ungefähr die Ausprägung dessen, was später zum Geist eines Buddha, dem Wahrheitskörper, führt.

Es ist hilfreich, wenn man im Alltag in den Situationen von Glück und Leid versucht, sich ein wenig Zeit zu nehmen, um etwas tiefer darüber nachzudenken, welche Natur das Glück oder das Leid eigentlich hat, wie es erscheint und wie es existiert.

Wenn man sich an diese Sichtweise gewöhnt und zunehmend versteht, daß ein unabhängiges, aus sich bestehendes Leid nicht existiert, und wenn man sich bemüht, die Gedanken auf die Abwesenheit eines unabhängigen, inhärenten Leids zu richten, so wird dieses Verständnis einem durch Vertrautheit immer mehr zu eigen. Wenn man dann im Leben unerwartet in eine Leidenssituation gerät, hat man schon viel bessere Mittel zur Verfügung als sonst, um diese schwierige Lage zu meistern. Das Gefühl, man sei wohl der einzige auf der Welt, dem solches widerfährt, und das Gefühl der Unerträglichkeit, das auf der Erscheinung beruht, das Problem sei zu groß, um überhaupt im Geist Platz zu finden, werden dadurch allmählich geringer.

Auch in der Meditation ist es hilfreich, wenn wir versuchen, die Nichtexistenz einer unabhängigen, aus sich bestehenden Empfindung von Glück oder Leid zu erfassen und uns darauf zu konzentrieren.

Die drei Buddhakörper

Wenn man ein Leid erfährt, dann erscheint einem das Leid verbunden mit einer inhärenten, selbständigen Existenz, als wäre es etwas ganz Greifbares. Wir hatten gesehen, daß es aber nicht so aus sich existieren kann, und ich hatte erklärt, wie man versucht, sich auf die Leerheit an selbständigem Leid zu richten. Im Text zur Geistesschulung heißt es, daß man versuchen sollte, im Leid eine beruhigte Geisteshaltung beizubehalten, indem man erkennt, daß das Leid leer ist in dem Sinne, daß es kein aus sich existierendes Leid ist. Der Text sagt weiter, daß die Meditation über die Leerheit die eigentliche Ursache dafür ist, daß man den Wahrheitskörper eines Buddha erlangt, der »nicht-künstlich« und »frei von allen Beflekkungen« ist. Das heißt, daß der Geist des Buddha stets die letztgültige Realität unmittelbar wahrnimmt, ohne irgendeiner Täuschung zu unterliegen. Deshalb ist er nicht künstlich, er ist eine ursprüngliche, echte Erkenntnis der Wirklichkeit, frei von allen begrifflichen Fabrikationen, Verunreinigungen und Hindernissen.

Wie ich schon erwähnt habe, gibt es Methoden, bei denen man in diesem Zustand der Erkenntnis der Leerheit selbst die Gestalt einer Gottheit annimmt. Man entwickelt in der Meditation ein Selbstbewußtsein, selbst die Gottheit zu sein, zu der man das größte Vertrauen hat und am meisten geneigt ist. Man stellt sich selbst als die Gottheit in ihrer göttlichen, makellosen Umgebung vor und führt die unbefleckten Handlungen dieser Gottheit aus. Um diese Meditation durchführen zu können, muß man zuerst von einem qualifizierten Lehrer eine Initiation der Gottheit erhalten, und später macht man sich mit der Visualisation der Gottheit in der täglichen Übung vertraut. Dieser Teil der Meditation dient hauptsächlich dazu, den Formkörper eines Buddha zu erreichen, insbesondere den Körper Vollkommenen Erfreuens, den die Bodhisattvas auf hohen Stufen der geistigen Entwicklung zu Gesicht bekommen. Er ist ein göttlicher Körper, mit dem der Buddha solchen fortgeschrittenen Wesen Belehrungen geben kann. Dieser Teil der Meditation gehört im wesentlichen zum Teil der *Methode* auf dem Pfad. Dagegen gehört die Meditation über die Leerheit zum Teil der *Weisheit* auf dem Pfad.

Daß wir den Buddha nicht in der Erscheinung des Körpers des Vollkommenen Erfreuens treffen, liegt nicht etwa daran, daß der Buddha diskriminieren würde und sich einigen in dieser Form nicht zeigen will. Es liegt vielmehr daran, daß wir nicht die nötige Reinheit des Geistes erreicht und genügend heilsame karmische Anlagen angehäuft haben, um den Buddha in dieser Form direkt erfahren zu können. Es ist etwa so: Wenn irgendwo ein Schauspiel aufgeführt wird, könnten die Blinden es nicht wahrnehmen. Weil wir nicht das nötige Karma haben, um den Buddha in der Form des Körpers des Vollkommenen Erfreuens zu erleben, kann er sich uns auch nicht in dieser Form zeigen. Ähnlich wie ein Blinder durch seine Augenkrankheit daran gehindert wird, das Schauspiel zu betrachten, so ist unser inneres Auge der Weisheit durch unheilsame Taten und Geistesplagen wie Haß, Begierde und Verblendung bedeckt.

Wer ein solches *Gottheiten-Yoga* übt, sollte versuchen, sich in möglichst vielen Situationen des Lebens in einem göttlichen Aspekt in einer göttlichen Umgebung vorzustellen. Die Handlungen, die man durchführt, sollte man sich als göttliche, erleuchtete Handlungen vorstellen. Damit ahmt man den Zustand des Körpers des

119

Vollkommenen Erfreuens nach und hinterläßt dadurch außerordentlich heilsame Anlagen im eigenen Geist. Für uns Anfänger ist es allerdings sehr schwierig, selbst wenn wir Hunderte von Initiationen erhalten haben, uns in den verschiedensten Situationen mit einer göttlichen Form und den Eigenschaften einer Gottheit vorzustellen und so die täglichen Arbeiten zu verrichten.

Selbst wenn man keine Initiation erhalten hat, ist es sehr heilsam, wenn man sich denkt, daß sich im Zustand der Erkenntnis der Leerheit der eigene wertvolle Menschenkörper in einen reinen Körper wandelt, der frei von den verschiedenen Makeln und Hindernissen ist, wie sie unser gewöhnlicher Körper besitzt. Damit tun wir einen ersten Schritt in die richtige Richtung, und es wird später leichterfallen, uns ganz als Gottheit visualisieren zu können und ein göttliches Selbstbewußtsein hervorzubringen. Denn wir haben ja einen menschlichen Körper, der sich durch besondere Freiheiten und Ausstattungen auszeichnet, und daher viele ausgezeichnete Möglichkeiten der Fortentwicklung auf dem spirituellen Pfad bietet. Er ist zwar nicht wirklich rein, aber wenn wir uns zwar in dieser menschlichen Gestalt, aber in einem reinen und makellosen Körper vorstellen, dann ist das für uns einerseits nicht allzu schwierig, und andererseits kommen wir so der Meditation näher, in der wir uns selbst als Gottheit visualisieren. Das göttliche Selbstbewußtsein, das der Kern des Gottheiten-Yoga ist, besteht in der Überzeugung, daß es die makellose Ursprüngliche Weisheit eines Buddha selbst ist, die göttliche Gestalt annimmt, wenn man sich als Gottheit visualisiert. Mit diesem Selbstbewußtsein Handlungen durchzuführen und sich zu üben, ist für uns Anfänger sehr schwierig; es sei denn, man bringt schon von Geburt an außerordentliche

Anlagen und insbesondere sehr großes Vertrauen und tiefe Hingabe hinsichtlich dieser Lehren des Buddha mit.

Aber es ist schon sehr wertvoll und vorteilhaft, wenn man diese Meditation nur hochschätzt, Vertrauen in sie hat und sich glücklich preist, mit den Lehren des Buddha im allgemeinen und den Lehren des Geheimen Mantra im besonderen zusammengekommen zu sein.

Die Meditation war davon ausgegangen, daß man bezüglich des unerwünschten Leids festhält: Das Leid hat keine aus sich bestehende, inhärente Natur, wie es einem zuerst scheint. Auf diese Leerheit, die Abwesenheit aus sich bestehenden Leids, hat man sich konzentriert. Obwohl das Leid nicht aus sich selbst besteht, ist es Leid, es existiert. Durch das Zusammenkommen der verschiedensten Umstände und in Abhängigkeit von diesen, existiert es tatsächlich. Es gibt bei einem selbst und auch bei den anderen mehr als genug davon. So macht man sich bewußt, daß das Leid nicht aus sich selbst existiert, aber durch das Zusammenkommen der jeweiligen äußeren Umstände und inneren Ursachen entsteht. Ein Faktor, der dazu beiträgt, sind die jeweiligen gegenwärtigen Umstände. Insbesondere sind es aber auch die inneren Ursachen, die eigenen negativen Handlungen und leidverursachenden Emotionen, von denen das Leid abhängig ist. Das trifft auf die anderen ebenso zu wie auf einen selbst. Auch sie erleben aufgrund dieser Ursachen und Umstände Leid. Auch darüber kann man bestimmte Kontemplationen durchführen.

Da man das Große Fahrzeug, das zur Buddhaschaft führt, ausüben möchte, ist es wichtig, Mitgefühl und Altruismus zu schulen, das heißt, die Einstellung zu entwickeln, anderen helfen zu wollen. Eine Leidenssituation, in der man sich befindet, kann man sich dazu zunutze machen, indem man denkt, daß man dieses Leid, was man selbst erlebt, stellvertretend für das Leid der vielen anderen erleben möge und dieses dadurch abgegolten sein möge. Man versucht, diesen Wunsch in sich hervorzubringen.

Wenn man das Leid, das man selbst erlebt, tatsächlich stellvertretend für das Leid der anderen erleben könnte, wäre das sicher sehr vorteilhaft für sie. Deshalb macht man in dieser Situation Wunschgebete, daß alles Leid der Lebewesen, die so weit sind wie der Raum, dadurch, daß man selbst Leid erlebt, zu Ende gehen möge. Daher heißt es im Text zur Geistesschulung: »Wenn ich Leid erlebe, nehme ich das Leid aller auf mich; möge dadurch der Ozean des Leids austrocknen!« Es ist gut, in einer Lage der Bedrängnis ein solches Wunschgebet zu sprechen und dabei entsprechend zu denken. Am besten wäre es, wenn man Zeit hätte und sich die Ruhe nähme, ein solches Gebet in einer schönen Melodie zu singen und dabei die Geisteshaltung zu entwickeln, wie sie in den Worten ausgedrückt wird.

Durch diese Geistesschulung, mit der man wünscht, daß durch das Erfahren persönlichen Leids das Leid der anderen zu Ende gehen möge, und mit der man Leid stellvertretend für andere freiwillig annimmt, wird sehr viel heilsames Potential angehäuft. Solches Verdienst ist die wesentliche Ursache für den Ausstrahlungskörper eines Buddha. Dieser ist der Formkörper, durch den ein Buddha auch mit denjenigen kommunizieren und ihnen auf vielfältige Weise helfen kann, die nicht die karmischen Anlagen haben, ihn in dem äußerst feinstofflichen, göttlichen Körper Vollkommenen Erfreuens zu erfahren. Das bedeutet, daß ein Buddha auch in der Lage ist, sich in einer ganz gewöhnlichen Form zu zeigen, um den

Wesen zu helfen. Sobald die nötigen Umstände bereit sind und die günstige Situation gegeben ist, kann er sich spontan und mühelos in jeglicher gewöhnlichen Gestalt zeigen, um anderen unmittelbar zu helfen. Er kann sogar die Gestalt eines Tieres annehmen, wenn es einen Sinn hat und anderen nützt.

Um diese Fähigkeit selbst zu erlangen, muß man natürlich die dafür nötigen Ursachen schaffen; insbesondere muß man die Gewöhnung und Vertrautheit mit solchem Denken und Handeln entwickeln. Das ist die Aufgabe auf dem Pfad zur Buddhaschaft und der Sinn der Geistesschulung, bei der man sich Schritt für Schritt die Eigenschaften eines Buddha zu eigen macht.

Auch schon auf dem Pfad hat man auf der ersten Hohen Stufe *(bhumi)* eines Bodhisattva die Möglichkeiten, vielen anderen Wesen zu helfen. Durch die kontinuierliche Weiterentwicklung dieser Tugenden erlangt man Fähigkeiten, einer immer größeren Zahl von Wesen zu helfen, bis man schließlich in der Buddhaschaft keinerlei Beschränkungen mehr unterworfen ist. Dann ist man in der Lage, allen fühlenden Wesen endgültig zu helfen.

Um solche Fähigkeiten zu erlangen, braucht man eine sehr starke Motivation, eine große Geisteskraft, und diese entwickelt man durch das Große Erbarmen und die Große liebevolle Hinwendung. Große liebevolle Hinwendung entsteht durch den Wunsch, daß alle fühlenden Wesen echtes Glück erfahren und die Ursachen dafür sammeln mögen. Großes Erbarmen wird dadurch geschult, daß man den Wesen von ganzem Herzen Freiheit von Leid und den Ursachen des Leids wünscht. Auch strebt man danach, selbst Fähigkeiten zu erlernen, um ihnen aus ihrem Leid herauszuhelfen und sie zum Glück zu führen. Diese Motivation von Großer Liebe, Großem

Erbarmen und Altruismus kann man nicht in kurzer Zeit durch ein oberflächliches Interesse daran entwickeln. Vielmehr ist es nötig, sich sein ganzes Leben lang in diesen Gedanken zu schulen. Dann wird über Jahre hinweg die mitfühlende, uneigennützige Geisteshaltung immer stärker und ein echter Teil von einem selbst werden.

Der Grund, weshalb es vorteilhaft ist, die guten Wunschgebete nicht nur zu denken, sondern auch zu sprechen oder zu singen, ist der, daß man durch das Singen an die Bedeutung der Worte erinnert wird und sich dadurch wiederholt bewußt macht, was Liebe und Erbarmen sind. So wird man schon allein durch das Rezitieren der bloßen Worte immer ein Stück weiter mit den guten Eigenschaften vertraut gemacht.

Oft mögen wir denken, solche Wunschgebete seien sinnlos, etwa wenn man singt, daß der Ozean des Leids austrocknen möge oder daß man durch das eigene Leid das Leid aller auf sich nehmen möge. Unsere Begründung ist sicher, daß dadurch der Ozean des Leids nicht wirklich austrocknet. Wir denken, daß dies bloße Wunschgebete ohne greifbares Resultat sind. Besonders heutzutage gibt es viele Menschen, die diesen Einwand machen. Doch kommt er nur aus völliger Unkenntnis des eigentlichen Sinnes von Dharma.

Ich habe kurz erklärt, wie man angenehme und unangenehme Erlebnisse in den Pfad hineinnehmen kann, und wie diese Geistesschulung zur Ursache für die drei Buddhakörper wird, wobei man unter anderem Mittel anwendet, die mit der korrekten Ansicht über die eigentliche, endgültige Bestehensweise von Glück und Leid zusammenhängen. Als Anfänger mag es schwierig sein, diese Kontemplationen durchzuführen; denn es ist sehr schwierig, genau zu verstehen, was es mit der Leerheit an inhärenter, selbständiger Existenz auf sich hat.

Die Nachteile des Daseinskreislaufs

Ein anderes, sehr wichtiges Mittel, um Leid und Glück in den Pfad umzuwandeln und die verschiedensten leidvollen und glücklichen Erfahrungen im Leben zu meistern, besteht darin, daß man sich die eigentliche Natur des Daseinskreislaufs immer wieder vor Augen führt. Es ist außerordentlich hilfreich, sich im Leben wiederholt bewußt zu machen, daß man gegenwärtig im Daseinskreislauf gebunden ist und daß daher Leid unausweichlich ist; denn Leid gehört zur Natur des Daseinskreislaufs. Man kann, solange man sich in dieser Existenzweise befindet, über Glück und Leid letztlich nicht selbst bestimmen. Unser Körper ist ein Produkt von verunreinigten Taten und leidverursachenden Emotionen; er hat viele unangenehme, befleckte Aspekte an sich. Und auch die äußeren Dinge, die uns im Leben zur Verfügung stehen und die wir genießen möchten, haben viele Nachteile. Manchmal haben all die Güter dieses Lebens schon ihren Nutzen. Oft aber sind sie es gerade, die Krankheiten und andere schädliche Wirkungen mit sich bringen. Auch unsere Freundschaften, die uns Wohlergehen gewährleisten sollten, sind oft mit leidvollen Situationen verbunden; die mit uns befreundeten Menschen haben ihre Schwächen, auch ihr Geist ist oft getrübt, wenn er unter den Einfluß von Emotionen und falschen Denkweisen wie Begierde, Haß und Verblendung gerät.

Man sollte sich bewußt machen, daß diese Unannehmlichkeiten ein natürlicher Teil des Daseinskreislaufs sind. Und wenn man diese unbefriedigende, unfreie Daseinsweise nicht länger erleben und sich daraus befreien möchte, muß man zwangsläufig ihre Ursachen beseitigen. So entwickelt man aus bedrängenden Erfahrungen die Entschlußkraft, Mittel anzuwenden, die zu einer dauerhaften Befreiung aus dem leidvollen Kreislauf der Existenzen führen. Die besten Mittel dazu findet man im Dharma. Daher denkt man sich, daß es schon sehr wertvoll ist, wenn man auch nur ein paar Minuten nutzt, um Dharma auszuüben.

Unsere übliche Reaktion auf Schwierigkeiten im Leben ist, daß wir gern klagen, uns beschweren und anderen die Schuld für unsere Probleme geben. Bloßes Klagen hat aber keinen Nutzen, dadurch wird die Situation nicht besser. Wenn man sich statt dessen die beschriebenen Gedanken bewußt und allmählich zu eigen machen kann, erlangt man mehr Kraft, um Schwierigkeiten im Leben leichter ertragen zu können.

In dem Zusammenhang ist es sehr wichtig, sich bewußt zu sein, daß Glück und Leid von eigenen heilsamen und unheilsamen Taten abhängig sind. Sie sind deren natürliches Resultat. Das führt beim Erleben von Leid zu der Einsicht, daß es nicht angemessen ist, darüber nur zu klagen und sich davon ganz erdrücken zu lassen.

Gleiches gilt für Angenehmes. Normalerweise sind wir geneigt, sehr stark daran zu hängen, so daß Verlangen und Erregung entstehen und der Geist vollkommen aus der Ruhe und Kontrolle gerät. Dagegen hilft die Überlegung, daß das Glück, das wir erleben, auch nur ein Glück des Daseinskreislaufs ist. Es ist ein flüchtiges Glück, das zeitweilig hilft und Freude macht, um sich dann wieder zu wandeln und zu neuen Schwierigkeiten zu führen. Man muß sich bewußt machen, daß dieses Glück von vielen zeitweiligen Umständen abhängt, die sich wieder verändern. Unser Glück im Daseinskreislauf ist ähnlich flüchtig und veränderlich wie das schöne Wetter in Hamburg.

Wenn man sich diese flüchtige, wandelbare Natur des Glücks im Daseinskreislauf in Momenten bewußt machen kann, in denen man fröhlich und ausgelassen ist, weil man etwas Angenehmes erfahren hat, dann werden das Hängen an dieser Annehmlichkeit und das Verlangen danach ganz von allein geringer. Und es hilft auch dazu, daß in Zukunft nicht so leicht Begierde entsteht.

Weiter hängt Glück von heilsamen Taten ab. Das Wissen davon macht das gerade erlebte Glück zum Mahnzeichen dafür, weiter heilsame Handlungen anzuhäufen, um auch in Zukunft Glück erleben zu können.

Solche Gedanken sind sämtlich Mittel, damit man in den unterschiedlichsten angenehmen und unangenehmen Lebenslagen im Geist stabiler und ruhiger bleibt, nicht so starke Begierde auf der einen Seite und Haß auf der anderen Seite entstehen läßt.

Frage: Es wurde gesagt, daß man versuchen sollte, das eigene Glück anderen zu widmen – unter anderem als Mittel, das starke Hängen an angenehmen Empfindungen zu verringern. Andererseits ist aber doch gerade mein Wunsch nach Glück die Triebfeder dafür, daß ich einen religiösen Weg suche. Wie verhält sich beides zueinander?

Antwort: Der Wunsch nach Glück allein ist noch keine Anhaftung, keine Begierde. Sicher wünschen wir uns alle Glück und versuchen, Mittel anzuwenden, um Glück zu erreichen. Glück und Wohlergehen sind etwas Nützliches. Wenn man nun den Wunsch hat, daß am eigenen Glück auch andere teilhaben mögen, und man es benützen möchte, um auch ihnen zu mehr Wohlergehen zu verhelfen, so ist die Möglichkeit, mit Begierde am eigenen Wohlergehen zu hängen, nicht mehr vorhanden.

Anhängen und Begierde erkennt man daran, daß man beim Erleben einer glücklichen, angenehmen Situation vollauf zufrieden ist, wenn man nur ganz allein dies Glück erlebt, und daß die anderen einem völlig gleichgültig sind. Man glaubt, daß man völlige Befriedigung empfinden wird, wenn man dieses Glück nur erleben kann. Wenn man aber auch für die anderen Wohlergehen möchte, ist die Gefahr einer solchen Anhaftung schon nicht mehr so groß.

Darüber hinaus benötigt man Wohlergehen, um anderen helfen zu können. Wenn man krank ist, und sei es nur eine Erkältung, die uns zu schaffen macht, so ist das schon ein Hindernis bei der Bemühung, anderen zu helfen.

Frage: Sie sagten, daß das selbstlose Handeln an erster Stelle steht, noch vor dem eigenen Glück. Vernachlässigt man dadurch nicht das eigene Wohlergehen? Denn man hat für sich selbst schon genug zu tun, um aufmerksam zu handeln. Wenn man aber darauf achtet, daß es den anderen gutgeht, kann es sein, daß man seine eigene Achtsamkeit vernachlässigt. Aber für sich selbst ist man verantwortlich, und man könnte sich selber weiterhelfen. Wenn das jeder tun würde, wäre auch allen geholfen.

Antwort: Was ich erklärt habe, ist hauptsächlich in Verbindung mit dem Großen Fahrzeug zu sehen, und es sind Vorbereitungen nötig, vollkommen altruistisch denken und handeln zu können. Die Voraussetzung ist, den Geist zu festigen, insbesondere dadurch, daß man sich die Leiden und Nachteile des Daseinkreislaufs intensiv vor Augen führt und eine Haltung der Abkehr davon entwickelt. Wenn man jedoch schon Festigkeit im eigenen Geist erreicht hat und sich fragt, ob das ausreichend sei, so lautet die Antwort: Nein, darüber hinaus gibt es noch mehr zu tun. Es ist dann angemessen, sich weiter zu schulen und Mittel anzuwenden, die einen in die Lage versetzen, auch anderen in großem Ausmaß helfen zu können.

Natürlich ist man zuerst nicht fähig, anderen mehr als eine zeitweilige Hilfe zu sein; aber durch das Einüben einer mitfühlenden, das Wohl der anderen mit einbeziehenden Haltung und Handlungsweise schafft man in sich viele gute Anlagen, die weiter anwachsen und die Ursachen dafür bilden, daß man später besser in der Lage sein wird, anderen in größerem Rahmen und dauerhafter zu helfen. Es wird ein Zustand des Geistes wachsen, den man jetzt noch nicht kennt, der sich aber durch dieses Einüben allmählich entwickelt. Dadurch kann einem alles das möglich werden, was die vergangenen Bodhisattvas erreicht haben. Die altruistische Haltung muß man Schritt für Schritt einüben. Man sollte nicht meinen, daß man gleich mit sehr weitreichenden Handlungen beginnen muß. Man fängt am besten da an, wo man tatsächlich etwas ändern kann: bei der eigenen Geisteshaltung, indem man öfter einmal versucht, einfach an das Wohl der anderen nur zu denken und ihnen zu wünschen, daß sie weniger Leid und mehr Glück erleben. Das ist das Wichtigste. Wenn diese Geisteshaltung dann allmählich in einem wächst, werden später ganz natürlich Handlungen folgen, die den anderen helfen. Auf diesem Weg der allmählichen Gewöhnung wird es tatsächlich möglich, wie ein Bodhisattva zu handeln, der ohne das geringste Bedauern oder Gefühl eines Verlustes zum Nutzen der

129

anderen selbst seinen Körper und sein Leben weggeben kann.

Frage: Ein Gedanke, Glück in den Pfad hineinzunehmen, bestand darin, es den anderen zu widmen. Wenn aber unser Glück nur eine andere Form von Leid ist, kann man es doch den anderen nicht schenken. Müßte man ihnen nicht vielmehr Glückseligkeit ohne Leid opfern?

Antwort: Man muß mit dem anfangen, was man zur Verfügung hat, und zum gegenwärtigen Zeitpunkt kennt man nur verunreinigtes Glück, kein reines, dauerhaftes Glück. Das Wesentliche bei dieser Geistesschulung ist aber auch nicht so sehr die Gabe, sondern das Trainieren des Gedankens, was man an Angenehmem hat, den anderen zu widmen und es ihnen geben zu wollen. Hat man dadurch erst einmal eine stabile Grundlage geschaffen, ist man später auch in der Lage, mehr dauerhaftes Wohlergehen zu geben. Denkt man jedoch von vornherein, daß man ein bestimmtes Glück den anderen nicht geben kann, weil es noch kein reines Glück ist, und ein anderes Glück auch nur beflecktes Glück ist, das man besser beiseite läßt, so legt man nur immer alles zur Seite und findet nie die Gelegenheit, den anderen wirklich einmal etwas Gutes zu wünschen und zu geben.

Śāntideva sagt im *Eintritt in das Leben zur Erleuchtung* hinsichtlich der Vollkommenheit der Freigebigkeit:

Zuerst ermutigt der Führer [Buddha] die Wesen, sogar Gemüse und ähnliches zu geben. Nachdem man daran gewöhnt ist, mag man später allmählich gar sein eigenes Fleisch weggeben.

130

Erst soll man damit anfangen, geringe Gaben zu geben, wie einen Teller Essen oder Nahrung für Tiere; also etwas, was einem keine Schwierigkeiten bereitet, und nicht gleich etwas, wofür man ein großes Opfer bringen müßte. Diese ganz einfachen Formen der Freigebigkeit soll man nicht geringschätzen und vernachlässigen. Denn gerade durch die Übung und Gewöhnung an das Geben entwickelt sich allmählich eine Geisteskraft, die in die Lage versetzt, selbst den eigenen Körper oder Teile davon ohne Bedauern leichten Herzens weggeben zu können. Von der Geisteshaltung her ist man fähig, all das, was man besitzt, wegzugeben, ohne ein Gefühl des Verlustes zu erleben.

Frage: Wenn ich doch weiß, daß alles vergänglich ist, und ich deshalb sowieso nichts behalten kann, sollte die Freigebigkeit mir doch sehr leicht fallen. Kann ich dann nicht dauernd freigebig sein? Denn welchen Sinn sollte es haben, darüber nachzudenken, ob ich etwas weggeben kann, wenn schließlich doch alles vergeht?

Antwort: Das ist relativ. Obwohl einerseits Besitz vergänglich ist und man sich doch irgendwann davon trennen muß, hängt man andererseits aber auch daran. Man befürchtet, daß einem selbst nichts übrig bleiben könnte, wenn man dieses oder jenes weggibt, und dann für einen selbst vielleicht doch ein Nachteil entsteht. Wenn man diesen Gedanken nicht hat, ist es natürlich gut, soviel zu geben, wie man kann.

Frage: Das freiwillige Annehmen von Leid in dem Gedanken, daß dadurch das Leid aller fühlenden Wesen verschwinden möge, hatten Sie als eine Art gelehrt, Leid in einen Pfad zu wandeln. Ist es aber nicht vielmehr so, daß dadurch das Leid der anderen trotzdem weiterbesteht?

Antwort: Sicher wäre es schön, wenn in dem Maße, wie man selbst Leid erlebt, sich das Leid der anderen verringern würde. Aber wir wissen, daß das nicht der Fall ist. Es ist nicht so, als würde man einen Handel treiben, bei dem sich bei dem anderen genau das verringert, was man selbst bekommt. Das Ziel dieser Schulung ist vielmehr, die heilsame Kraft des eigenen Geistes anwachsen zu lassen. Es ist auch nicht so, daß man Leid willentlich suchen müßte. Man versucht Leid, das man ungewollt im Leben erfährt, dazu zu benutzen, die heilsame Kraft des eigenen Geistes zu stärken; insbesondere auch den Mut, der nötig ist, um zum Wohle anderer Schwierigkeiten auf sich nehmen zu können.

Diese Gedanken dienen also dazu, die eigene Geisteshaltung, das eigene Denken, zu schulen, auch wenn dadurch das Leid der anderen nicht unmittelbar geringer wird. Wenn sich jemand beispielsweise zum Ziel gesetzt hat, Weltmeister im Gewichtheben zu werden, wird er nicht gleich mit den schwersten Hanteln umgehen, sondern erst mit leichteren Gewichten, die er noch gut heben kann. Durch die Übung erlangt er schließlich die Fähigkeit, schwere Gewichte zu heben, was für ihn zuvor noch unvorstellbar war. Dabei ist die Übung von körperlichen Kräften naturgemäß begrenzt; die positiven Eigenschaften des Geistes können dagegen grenzenlos weiterentwickelt werden. Vollends eingeübte geistige Eigenschaften werden mühelos; körperliche Leistungen erfordern dagegen immer wieder erneute Anstrengung.

Die beschriebenen Mittel dienen letztlich dazu, den anderen in größtem Ausmaß helfen zu können. Nachdem man einmal die altruistische Geisteshaltung und die Fähigkeit, für andere Leid freiwillig auf sich zu nehmen, gestärkt hat, wird man sich sicher nicht hinlegen und den ganzen Tag schlafen, sondern ganz spontan diese altruistische Geisteshaltung auch in die Tat umsetzen wollen. Und weil man sich durch die Schulung auf dem Pfad die nötigen Fähigkeiten angeeignet hat, ist man dann auch tatsächlich in großem Umfang dazu in der Lage. Wie zuvor schon erklärt, kann ein Buddha sich in vielfältigen Formen darstellen, vielfältige Gestalt annehmen, und sich damit ganz auf die Veranlagungen und Neigungen der einzelnen Wesen einstellen, um ihnen endgültig zu helfen. Das altruistische Geistestraining hält wirkungsvolle Mittel bereit, mit denen man relativ schnell sehr hilfreiche Fähigkeiten erreichen kann.

Zum Beispiel heißt es von Buddha Śākyamuni, dem Buddha dieses Zeitalters, daß er vor vielen Äonen den Entschluß gefaßt und das Versprechen gegeben hat, den Menschen in einer ganz bestimmten Zeit zu helfen; nämlich dann, wenn ihre Lebensspanne etwa einhundert Jahre betrage und die Welt von vielen Problemen und Leiden gekennzeichnet sein werde. Er wollte gerade in einer solchen schwierigen Zeit kommen, um den Menschen seine Lehre zu vermitteln und ihnen zu zeigen, was sie sich aneignen und was sie aufgeben müssen, um den Weg zur Befreiung aus dem Leid einzuschlagen. Daß er vor zweitausendfünfhundert Jahren in Indien tatsächlich erschienen ist und seine Lehre den Menschen gegeben hat, so daß wir sie heute zur Verfügung haben, ist auf diesen vor sehr langer Zeit gefaßten, altruistischen Entschluß zurückzuführen. Durch die anfängliche Geisteshaltung mit der altruistischen Zielsetzung und die Schulung, die man dann durchführt, wird man später ganz spontan das ausführen, was man sich anfänglich zum Ziel gesetzt hat.

Ein anderer Gedanke, der uns in diesem Zusammenhang wahrscheinlich immer wieder kommt, ist: »Wenn es so lange dauert, solche Fähigkeiten zu erreichen, wie ein Buddha sie besitzt, lohnt es sich erst gar nicht, damit anzufangen.« Es fällt uns schwer, ein Ziel anzustreben, das im Augenblick so weit von unserem jetzigen Zustand entfernt ist. Doch hat man gerade jetzt die sehr günstige und äußerst seltene Möglichkeit, einen Anfang zu machen und sehr weit zu kommen. Denn als Mensch hat man in dieser Hinsicht außerordentliche Fähigkeiten. Wenn man allerdings gerade dann, wenn man die Möglichkeit hat, ein großes Stück auf dem Weg vorwärtszukommen, denkt, daß sich all diese Anstrengungen nicht lohnen, wenn man resigniert und sich weiter lieber nur mit all den kurzweiligen Ablenkungen dieses Lebens beschäftigt, kann man natürlich überhaupt keinen Fortschritt machen.

Die Möglichkeiten, die wir jetzt zur Verfügung haben, sind tatsächlich sehr kostbar und äußerst selten. Wir können uns selbst fragen, wieviel Möglichkeiten zu geistiger Schulung es in einem niedrigen Dasein, etwa als Tier, geben mag, oder selbst als Mensch, wenn man in einem Land leben muß, in dem keine Religion verbreitet oder ihre Ausübung unterdrückt wird. An einem anderen Ort in der Welt hätte man schon viel mehr Schwierigkeiten, etwas über Dharma zu erfahren, darüber zu reden und ihn auszuüben. Diese Tatsachen sollte man sich immer wieder vor Augen führen, um zu sehen, wie kostbar die gegenwärtige Gelegenheit ist.

Frage: Es wurde gesagt, man solle Leiden und Ungerechtigkeiten annehmen, ohne zu klagen. Das kann aber doch nicht bedeuten, daß man Konflikte und Ungerechtigkeiten, die man etwa im Umgang mit anderen erfährt, nicht versuchen sollte, im friedlichen Sinne zu lösen?

Antwort: Es geht hier um die Geisteshaltung. Wenn man im Umgang mit anderen sich ungerecht behandelt fühlt, ärgerlich wird und denkt: »Der allein ist Schuld an allem! Das muß ich ihm zurückzahlen!«, so führt diese Geisteshaltung zu nichts. Ganz im Gegenteil, sie ist für einen selbst sehr schädlich. Wenn man jedoch erkennt, daß der andere etwas falsch gemacht hat, und Verständnis für ihn aufbringt, weil man erkennt, daß er aus Unwissenheit gehandelt hat, kann man ruhig und ohne jeden Ärger versuchen, mit ihm zu reden und die Lage zu verbessern. Das ist richtig und notwendig. Ohne Haß und Wut kann man zudem viel besser entsprechend der Situation entscheiden, welche Mittel angemessen sind.

Frage: Können wir die relativen Zustände von Glück, die wir erleben, und das Leid, das wir erfahren, dazu nutzen, nach den letztlichen Ursachen für Glück und Leid zu suchen, um die Ursachen für endgültiges Glück zu schaffen und die Ursachen für Leid zu vermeiden?

Antwort: Man muß genau wissen, welche Ursachen zu Glück und welche zu Leid führen. Ohne dieses Wissen ist man vielleicht geneigt, beim Erfahren von vorläufigem Glück die äußeren Umstände, wie gutes Essen, Geld und ähnliche Dinge, für die eigentliche Ursache zu halten. Die eigentlichen Ursachen für Glück und Leid kann man nur durch eine intensive Beschäftigung mit dem Dharma erkennen. Um dauerhaftes Glück zu erreichen, bleibt einem keine andere Möglichkeit, als die Ursachen für solches Glück zu legen, indem man sich heilsam verhält, den Geist schult und sich um die rechte Erkenntnis der Wirklichkeit bemüht. Es müssen die verschiedensten Aspekte zusammengebracht werden, um ein besseres Glück zu verwirklichen.

Stufen zur Nächstenliebe

> *Meere, Berge und die Erde*
> *sind nicht unsere Bürde,*
> *doch Getanes, unerwidert,*
> *das ist große Last.*
> Buddha Śākyamuni, Die Verse über den Naga-König
> Bherigatha

In der Lehrrede des Buddha *Die Verse über den Naga-König Bherigatha* findet sich folgende Strophe:

> *Meere, Berge und die Erde*
> *sind nicht unsere Bürde,*
> *doch Getanes, unerwidert,*
> *das ist große Last.*

Die Aufgabe der Menschen, die nach Befreiung streben, besteht nicht darin, die materiellen Bestandteile dieser Welt wie Erdreich, Berge und Wälder auf ihrem Rücken zu tragen. Unsere »große Last« ist das von den anderen uns an Gutem »Getane«, das von uns aber noch »unerwidert« blieb: Die von uns zu tragende Last ist, den fühlenden Wesen, die uns viel Hilfe haben angedeihen lassen, im Gegenzug gleichermaßen Hilfe und Güte zukommen zu lassen. Diese Last verdient es ganz sicher, aufgenommen zu werden. Altruismus wird so zu unserer Verantwortung gegenüber den anderen.

Aus diesem Grund muß man auf den Pfaden des Großen Fahrzeugs die Geisteshaltung, die uns verpflichtet, nach dem Wohl der anderen zu streben, als unabdingbare Grundlage und Wurzel betrachten. Der Geist ist entsprechend zu schulen.

Der Boden des Gleichmuts

Bei dieser Geistesschulung wird davon gesprochen, »den Boden des Gleichmuts zu bereiten« und diesen »mit dem Wasser der Liebe zu bewässern«.

Wenn man einen Acker bestellen will, ist es zuerst nötig, den Boden gründlich vorzubereiten. Dinge, die das Wachstum der Pflanzen behindern würden, wie Steine und Dornen, müssen beiseite geschafft und der Boden muß eingeebnet werden; denn es wäre schwierig, die Saat in unebenen Boden zu legen, bei der Bewässerung würde das Wasser nur zu einigen Senken des Ackers laufen. Gleichmut ist wie ein geebneter, von Hindernissen befreiter Boden; denn wer auch immer darum bemüht ist, den eigenen Geist auf das Wohl der anderen, und zwar aller anderen, auszurichten, der braucht ein inneres Gleichmaß. Dieses entsteht durch Einebnung der unterschiedlichen Gefühle gegenüber solchen Menschen, die man als vertraut ansieht, und gegenüber den anderen, die man als fremd und fernstehend empfindet.

Die Vertrauten bilden die Gruppe von Wesen, die man als nahestehend empfindet, die man begehrt und als seine eigenen Freunde ansieht. Man möchte stets mit ihnen zusammensein und sie sich bewahren. Der Gruppe der Fernstehenden hingegen begegnet man vielleicht mit Abneigung, sieht sie sogar als Feinde an, und selbst wenn sie einem in Wirklichkeit gar keinen Schaden zugefügt haben, schreibt man ihnen aus ungeprüften, vorschnellen Urteilen derart unangenehme Eigenschaften zu, daß man sie als Feinde auffaßt.

Sobald der eigene Geist auf diese Weise durch Begierde und Haß aus dem Gleichgewicht gerät, ist man wie von Sinnen. Begierde und Haß behindern den Geist, so daß

Erkenntnis der eigentlichen Wirklichkeit unmöglich wird.

Wenn dichte Wolken am Himmel sind, strahlen Sonne und Mond zwar weiterhin, sind aber nicht sichtbar. Sie sind in ihrer Funktion eingeschränkt. Die fühlenden Wesen sind zwar ohne Unterschied allesamt wert, daß man ihnen nutzt, und es ist nicht angemessen, daß man ihnen Schaden zufügt, aber wenn sich das eigene Denken durch Begierde und Haß bewölkt, ist man nicht in der Lage, den Nächsten als Nächsten und den Nicht-Feind als Nicht-Feind zu erkennen; es gibt in diesem vernebelten Zustand des Geistes keinen Weg für Argumente, die der Wirklichkeit entsprechen. Die guten Eigenschaften des eigenen Geistes verschwinden.

Das ist der Grund, warum es nötig ist, den Einfluß von Begierde und Haß auf das eigene Verhalten zu meiden und unter den unterschiedlichen Gefühlen von Vertrautheit und Fremdheit ein Gleichmaß zu schaffen. Darin liegt die Bedeutung von Gleichmut.

Um das zu erreichen, kann man sich zuerst einen Menschen vorstellen, zu dem man in diesem Leben keine unmittelbare gute oder schlechte Beziehung hat und der somit zu einer dritten, mittleren Gruppe von Wesen gehört, der man mit Gleichgültigkeit begegnet. Man führt sich vor Augen, daß man zu diesem Wesen in den unendlich vielen vergangenen Existenzen sehr häufig in allernächster Beziehung stand, indem man sich gegenseitig Vater oder Mutter war und sich unermeßliche Hilfe gab. Genauso häufig aber wühlten Begierde und Haß den Geist beider Seiten auf, und zu solchen Zeiten fügte man sich gegenseitig Schaden zu. Man denkt daran, daß diese »mittleren« Wesen einem jetzt nur deshalb gleichgültig sind, weil man die lange Vergangenheit nicht erkennt.

An dieser Stelle denkt man an einen weiteren Menschen, zu dem man in diesem Leben keine gute Beziehung hat, den man als feindlich empfindet und mit Abneigung oder Haß erfaßt. Man sagt sich dann selbst: »Aufgrund dieses und jenes negativen Verhaltens, das dieser Mensch zeigte, ist unser Verhältnis zueinander in diesem Leben schlecht, ist er mein Feind. Wie verhält es sich mit dieser Einstellung? War er und bleibt er mein Feind zu allen Zeiten?« Man versucht, ebenso wie man es bei dem Menschen getan hat, der einem gleichgültig ist, die gegenseitige Beziehung aus der größeren Perspektive der zahllosen Existenzen seit anfangslosen Zeiten zu sehen, in denen man schon unzählige Male mit diesem Wesen zusammengetroffen ist. Unzählige Male war man auf die engste, freundschaftlichste Weise mit ihm verbunden, war es die eigene Mutter oder der eigene Vater und umgekehrt. Es kam aber auch – aufgrund der Verwirrung des Geistes durch Begierde und Haß – unzählige Male zu Streit, zu bösen Worten, ja selbst Verletzung des Lebens hat es unendlich viele Male gegeben. In dieser Hinsicht besteht zwischen dem Feind und dem Menschen, der einem gleichgültig ist, kein Unterschied.

Als drittes denkt man sich einen vertrauten, nahestehenden Menschen, sei er Ehepartner, Vater oder Mutter, ein eigenes Kind, Bruder oder Schwester, Freund oder Freundin. Jeder von uns fühlt sich ganz eng mit einem solchen Menschen verbunden, sieht ihn in einem außerordentlich angenehmen, attraktiven Licht. Wie verhält es sich damit? Wenn man an größere Zeiträume denkt, war und ist einem dieser Mensch durch alle Zeiten ein solch nahestehender Freund? Nein, ganz sicher nicht. Im gegenseitigen Verhältnis hat es sehr viele Veränderungen, sehr unterschiedliche Situationen gegeben. Zuzeiten hat man sich gegenseitig alle Arten von Schaden zugefügt bis hin zum Töten des anderen. Nur jetzt, in der gegenwärtigen Situation, nur in diesem Leben, gibt es eine relativ kurze Zeitspanne von vielleicht einigen Jahren, in denen man sich als Freund, als einander nahestehend betrachtet. Es ist das Verhältnis während einer begrenzten Zeit.

Auf längere Sicht gibt es keinerlei Festlegung von Freundschaft und Feindschaft in der Beziehung zu den anderen – ganz gleich, ob jemand gegenwärtig zu den Neutralen, den Feinden oder den Freunden gehört.

Diese Tatsache macht man sich bewußt, so die Erkenntnis bestärkend, daß eine völlig unausgeglichene, »ungeebnete« Haltung, mit der man die verschiedenen Menschen wahrnimmt, auf einem Irrtum beruht; denn einige begehrt man, weil man sie »mein Freund«, »mir nahestehend« nennt; einige haßt man, weil man sie als »meinen Widersacher«, »meinen Feind« betrachtet. Aus dieser Erkenntnis des Irrtums wird der Entschluß geboren: »Vom heutigen Tag an will ich mich anstrengen, nach besten Kräften eine gute, gleichmütige Haltung in mir zu entwickeln, die frei ist von Verlangen und Haß gegenüber nah und fern. Erleuchtete und Bodhisattvas aller Zeiten, euch sind große Fähigkeiten zu eigen; segnet mich daher, daß ich die Kraft habe, diese Haltung in mir zu erzeugen.«

So sollte man morgens und abends meditieren, vielleicht zehn bis fünfzehn, mindestens aber fünf Minuten lang. Wenn man auf diese Weise sich regelmäßig täglich bemüht, Erfahrungen zu schaffen, wird man Fortschritte feststellen können; denn es gehört zur Natur des Geistes und zu seinen guten Eigenschaften, daß man bei regelmäßiger Bemühung durch die Kraft der Gewöhnung eine stetige Verbesserung erzielt.

Wenn man in der eigenen Erfahrung feststellt, daß mit der Zeit der eigene Geist ausgeglichener auf Freund, Feind und neutrale Menschen reagiert, und wenn man eine Verbesserung gegenüber früher bemerkt, dehnt man die Kontemplation auf einen größeren Kreis von Menschen aus, etwa auf die Menschen am eigenen Wohnort, und meditiert weiter wie zuvor. Dann versucht man, diesen Gleichmut auf alle Menschen im ganzen Land, schließlich über die ganze Erde auszudehnen, und auf diese Weise entwickelt man allmählich den Gleichmut gegenüber nah und fern, der sich auf alle fühlenden Wesen bezieht.

Das Wichtigste dabei ist der Anfang: der Ausgleich der Gefühle von nah und fern gegenüber Freunden, Feinden und neutralen Menschen, mit denen man ganz direkt in diesem Leben in Verbindung steht. Dieser Anfang verlangt eine schwierige Veränderung des Denkens; danach ist es nicht mehr ganz so schwierig, die unterschiedlichen Gefühle auszugleichen, da man mit den meisten Menschen nicht in einem solchen unmittelbaren Kontakt steht.

Gleichmut muß zu einer stabilen Grundlage des eigenen Denkens werden. Es ist möglich, bei dem Wort »Gleichmut« die Vorstellung von etwas Passivem, Kraftlosem zu haben. Diese Vorstellung ist aber nicht richtig. Gleichmut ist nicht dasselbe wie Gleichgültigkeit. Tatsächlich ist der hier beschriebene Gleichmut eine sehr wichtige, unabdingbare Basis für die Entwicklung von Altruismus.

Das Wasser der Liebe

Wenn man die ausgeglichene Geisteshaltung des Gleichmuts erreicht hat, muß der so eingeebnete Boden mit dem
Wasser der Liebe bewässert werden. Wie geht das? Ähnlich wie man sich bei der Schulung des Gleichmuts drei
verschiedene Menschen vorgestellt hat, denkt man sich
nun umgeben von all den Wesen der sechs Daseinsbereiche innerhalb des Daseinskreislaufs, von den fühlenden
Wesen der Höllenbereiche, den hungrigen Geistern, den
Tieren, Menschen, Göttern und Gegengöttern. Man
stellt sie sich in der äußeren Erscheinung von Menschen
vor, denkt sich aber, daß sie tatsächlich die Wesen ihres
jeweiligen Bereiches sind. Man stellt sie sich in so großer
Zahl vor, daß sie den vielen einzelnen Grashalmen auf
einer großen Ebene gleichen, in deren Mitte man sich
selbst befindet. Dann macht man sie sich insbesondere in
dem Aspekt ihrer Not bewußt, ihres Geplagtseins von
Leid und ihres Mangels an Wohlergehen. Diese fühlenden Wesen, die man als die allernächsten Freunde erlebt
hat, sehnen sich in jeder Hinsicht und zu jeder Zeit, ob
Tag oder Nacht, nach Glück. Sie können niemals genug
haben an Wohlergehen, und hätten sie auch noch soviel
davon erfahren, sie würden sich doch wieder nach Glück
sehnen. Gleichwohl sind sie nicht in der Lage, mit Körper, Rede und Geist die Ursachen für Glück anzuhäufen:
nämlich heilsam wirkende Handlungen *(karma)*, das
heißt heilsame Anlagen. Deshalb erleben sie das gewünschte Glück nicht. Diese Situation vergegenwärtigt
man sich.

Die Vergangenheit ist vergangen; für die Zukunft aber
wünscht man den Wesen unerschöpfliche Glückseligkeit, und man wünscht, daß sie die Ursachen dafür schaf-

fen mögen, daß sie aus eigener Kraft wissen mögen, was zu tun und was zu lassen ist, und daß sie sich dann anstrengen mögen, körperlich, sprachlich und geistig heilsam zu handeln. Daß dies eintreten möge und man selbst in der Lage sein möge, dazu beizutragen, macht man zum Objekt der eigenen Zielsetzungen und Wünsche, und zugleich bittet man die Buddhas und ihre geistigen Nachfolger, die Bodhisattvas, um ihren helfenden, segensreichen Einfluß.

Auch in dieser Meditation versucht man wieder, Erfahrungen zu sammeln und Fortschritte zu machen, indem man sich zu Anfang bemüht, regelmäßig etwa zehn bis fünfzehn Minuten zu meditieren. Wenn eine Verbesserung des Denkens eintritt, dehnt man die Zeit auf vielleicht zwanzig Minuten oder noch länger aus. Auf diese Weise muß man Schritt für Schritt vorangehen und zu neuen Erfahrungen kommen.

Die Situation der Wesen ist tatsächlich so, wie sie der indische Meister Śāntideva im *Eintritt in das Leben zur Erleuchtung* (III, 28) beschrieben hat:

Sie wünschen zwar Glück, doch aus Verblendung vernichten sie ihr eigenes Glück wie Feinde.

Sicher wünschen alle Wesen Wohlergehen, doch wissen sie die Ursachen für Wohlergehen nicht zu schaffen. Anstatt ihr Glück zu erlangen, zerstören sie es noch durch ihre Handlungsweise; denn die Ursachen für Glück, die sie in der Vergangenheit schon angehäuft hatten, nämlich heilsame Anlagen aufgrund von heilsamen Handlungen, gehen häufig durch Haß und Wut zugrunde. Die Wesen sind selten in der Lage, neue positive Ursachen zu sammeln; statt dessen sammeln sie unheilsame Handlungen an, weil sie unter der Macht ihrer

Emotionen Haß und Begierde sowie unter der Macht der Verblendung stehen. Aus diesem Grund sagt Śāntideva, daß sie ihr eigenes Glück wie Feinde vernichten.

Wir sind aufgrund von schlechten Gewohnheiten, denen wir seit anfangsloser Zeit verhaftet sind, gefangen in unserer Verblendung wie in einem eisernen Käfig. Das gilt für uns selbst genauso wie für die unendlich vielen anderen fühlenden Wesen. Diese Situation kontempliert man, indem man bedenkt, wie es allen Wesen an Glück mangelt, und den Wunsch entwickelt, daß sie Glück besitzen mögen. Das bedeutet es, den durch Gleichmut geebneten Boden mit dem Wasser der Liebe zu bewässern; die Liebe soll den Boden des Gleichmuts, der frei ist von Begierde und Haß, fruchtbar machen.

In diesen gut vorbereiteten Boden soll man weiter »den guten Samen des Erbarmens legen«. Es wird deshalb vom »Samen« des Erbarmens gesprochen, weil das Erbarmen die eigentliche, einzigartige Ursache ist für das altruistische Streben nach höchster Erleuchtung *(bodhicitta)*, das das wesentliche Merkmal der Pfade des Großen Fahrzeugs ist. Wie wird dieser gute Same gelegt?

Der Same des Erbarmens

Wie zuvor meditiert man über die fühlenden Wesen, die man sich um sich herum in so großer Anzahl vorstellt wie Staubkörner, die die Erde ganz und gar bedecken. Dann macht man sich bewußt: Nicht nur fehlt es ihnen an dem ersehnten Glück, sie werden zusätzlich noch Tag und Nacht von vielen Leiden geplagt.

Buddha hat sechs Daseinsbereiche im Kreislauf der Existenzen beschrieben, die teilweise außerhalb unserer direkten Wahrnehmung liegen. In den drei elenden Da-

seinsbereichen gibt es nichts als Leid. Die Höllenwesen
werden vor allem von Hitze und Kälte geplagt. Die hungrigen Geister leiden an Hunger und Durst. Die Tiere sind
unfrei, denn einige stehen unter der Macht von Menschen, andere werden von anderen Tieren getötet; sie
leiden weiterhin an Dummheit und Unwissenheit. Von
ethischen und religiösen Werten können sie ganz und gar
nichts verstehen. Selbst in den drei glücklichen Daseinsbereichen erleben die Wesen viele Leiden. Die Götter können keinen inneren Fortschritt erzielen; denn ihre
Zeit wird durch körperliche und geistige Ablenkungen
und bedeutungslose Handlungen aufgebraucht. Obwohl
sie im Vergleich zu uns über lange Zeit großes Wohlergehen erleben, ist dies nichts Beeindruckendes; denn
wenn ihre Zeit vorüber ist, vergeht auch ihr Glück. Es ist
ein verunreinigtes Glück. Die sogenannten Gegengötter
haben eine sehr neidische, eifersüchtige Natur. Wegen
ihres Neides auf die Götter befinden sie sich in ständigem
Kampf gegen diese. So leiden sie fortwährend an Neid,
Streit und Kriegen. Auch die Menschen werden immer
wieder von unerwünschten Situationen getroffen. Das
wissen wir aus eigener Erfahrung: Was wir auch tun,
letztlich erreichen wir doch nie, was wir eigentlich wünschen. Ebenso erleiden wir Menschen unausweichlich die
vier Grundleiden Geburt, Altern, Krankheit und Tod.

So führt man sich vor Augen, wie die fühlenden Wesen
ständig von vielen schwer zu ertragenden Leiden heimge-
sucht werden. Aber sie wissen nicht, wie die eigentlichen
Ursachen für die Leiden beseitigt werden können. Ganz
automatisch haben sie viele solcher Ursachen geschaffen.
Denn seit anfangsloser Zeit stehen sie unter dem Einfluß
ihrer Unwissenheit, und in diesem Zustand ergibt sich
zwangsläufig, daß sie das tun, was falsch ist: Sie töten

andere fühlende Wesen, begehen sexuelle Verfehlungen, verschaffen sich Gegenstände, die ihnen nicht gehören, belügen andere – kurz: von jeder Art unheilsamer Handlungen haben sie endlos viele begangen. Die Anlagen von diesen Handlungen sind weiter in ihrem eigenen Geist vorhanden. Treffen nun diese inneren Anlagen mit entsprechenden Umständen zusammen, entsteht eine Situation, in der man unerwünschtes Leid erfahren muß. So sind die Wesen ganz und gar in Leid verstrickt.

Wenn man versucht, durch Mitgefühl den eigenen Geist weiterzuentwickeln, stärkt man in sich den Wunsch: »Wann wird nur der Zustand eintreten, daß die zahllosen fühlenden Wesen frei sein werden von allem Leid und allen Ursachen für Leid? Wann werden sie nur die Möglichkeit finden, die Ursachen des Leids zu erkennen, und wann werden sie daraufhin das Anzunehmende annehmen und das Aufzugebende aufgeben?«

So schult man Erbarmen, indem man sich die fühlenden Wesen in ihrer Not vergegenwärtigt und dadurch den Wunsch entwickelt, daß sie frei sein mögen von sämtlichem Leid. Auf diese Weise meditiert man wiederum etwa zehn bis zwanzig Minuten.

Dabei ist die regelmäßige, tägliche Meditation sehr wichtig. Man ist nicht auf zwei Sitzungen pro Tag festgelegt, man kann natürlich auch mehrere durchführen, falls man genügend Zeit hat, und wer sehr wenig Zeit hat, kann sich auch auf kürzere Sitzungen oder nur eine Sitzung am Tag beschränken; die tägliche, regelmäßige Übung ist aber vorteilhaft.

Wenn es sich schon positiv auswirkt, nur einem einzigen Menschen zu wünschen, er möge von seinen Kopfschmerzen frei sein, dann steht es außer Frage, welch großen Nutzen man schafft, wenn man allen Wesen wünscht, daß sie frei seien von sämtlichen Leiden. Es heißt, daß man durch diese Meditation im Hinblick auf jedes einzelne Wesen Verdienst sammelt. Das ist auch der Grund, warum die Geisteshaltungen Liebe, Erbarmen und altruistisches Streben nach Erleuchtung einen so außerordentlichen Nutzen haben und warum sie die nötige große Kraft bereitstellen, die Sammlung von Verdienst und Weisheit zu vollenden, die letztlich zur Buddhaschaft führt.

Die Wärme der Außergewöhnlichen Geisteshaltung

Die Wirkung der Meditation der Liebe ist, daß man die fühlenden Wesen in einer angenehmen, einem nahestehenden Erscheinung sehen wird. Durch die Meditation des Erbarmens, in der einem die Leidenssituation der fühlenden Wesen tief bewußt wird, wünscht man sehr stark, daß sie daraus befreit werden, und sucht nach Mitteln dazu. Erbarmen wird somit zur Ursache für die sogenannte Außergewöhnliche Geisteshaltung. Diese besteht in dem Entschluß, sich selbst die Mittel anzueignen, mit denen man andere aus ihrer Leidenssituation befreien kann. Daher spricht man davon, »die Wärme der Außergewöhnlichen Geisteshaltung hinzuzufügen«. Ein Samen braucht nicht nur Erde und Feuchtigkeit, sondern auch Wärme. Die fühlenden Wesen möchten nicht das geringste Leid, nicht einen Augenblick lang möchten sie Leid erleben, sie möchten nicht einmal das Wort »Leid« hören, und doch müssen sie immer wieder unfreiwillig Leid erfahren, weil es ihnen unter der Macht der Unwissenheit an Freiheit mangelt. Man denkt: »Ich selbst will Methoden anwenden, sie aus dieser Situation zu befreien«, und nimmt damit Verantwortung auf sich. In diesen Gedanken wird der Geist geübt.

Wenn man die Verantwortung auf sich nehmen will, andere von Leid zu befreien, nützt es nichts, wenn man sich etwas vormacht oder nicht ehrlich zu sich selbst ist. Wenn man die Aufgabe, anderen aus dem Leid herauszuhelfen, wie eine auferlegte Pflicht sieht oder wie eine Sitte, der man sich anschließen muß, weil man Buddhist ist, besitzt man kein stabiles Fundament für eine altruistische Geisteshaltung. Es sind korrekte Argumente nötig. Welche sind das?

Die fühlenden Wesen haben einem seit anfangsloser Zeit bis heute große Güte erwiesen. Man ist in einer Lage, in der man tatsächlich ganz auf die anderen fühlenden Wesen angewiesen ist. Diejenigen, die einen seit anfangsloser Zeit immer wieder behütet und mit allen Lebensnotwendigkeiten versorgt haben, sind die anderen Wesen. Man könnte gar nicht leben ohne die Hilfe der anderen.

Was die eigene Situation betrifft, so ist man nicht so arm, keine Möglichkeiten und Fähigkeiten zu besitzen. Ganz im Gegenteil: Man ist weder in einem der niedrigen Daseinsbereiche noch in einem Götterbereich geboren, sondern hat eine gute menschliche Existenz erlangt, in der man sowohl körperlich als auch geistig sehr förderliche Umstände gefunden hat und nicht durch widrige Mißstände gehindert ist. Der eigene Verstand ist klar. Man ist in der Lage zu denken, wie man möchte. Man kann erreichen, was zu erreichen ist; kurz, das Menschenleben ist die Gelegenheit, in der man alle Mittel zur Verfügung hat, um jede mögliche spirituelle Weiterentwicklung zu verwirklichen.

In den Lehren der vergangenen Meister heißt es, daß

wir als Menschen in einem Bereich leben, wo *Muße und Reichtum* vollständig sind. Damit sind achtzehn außerordentliche Bedingungen gemeint. Wenn wir darüber hinaus feststellen, daß wir keinen Schaden durch die Verhältnisse im Land und keinen Schaden durch die Naturelemente erleben, kann sich daraus der Entschluß ergeben: »Da ich jetzt in einer Lage bin, in der viele gute Umstände zusammengekommen sind, wann, wenn nicht jetzt, sollte ich die Verantwortung auf mich nehmen, etwas zu erreichen, das den anderen Wesen hilft, Leid zu beseitigen und Glück zu erlangen? Wenn ich die Möglichkeiten nicht nutze, solange ich sie habe, und wenn dann mein Menschenleben zu Ende geht, wird es schwierig sein, die gleichen günstigen Bedingungen zu erhalten.«

So bedenkt man die Gründe, weshalb es unbedingt gleich jetzt nötig ist, damit zu beginnen, die beschriebene Aufgabe in die Tat umzusetzen. Auf der Grundlage einer anderen Existenz als der menschlichen ist es außerordentlich schwierig, heilsame Gedanken zu entwickeln oder auch nur eine Minute lang religiös zu handeln. Schon wenn wir eine stärkere Erkältung haben, sind wir beim Lernen und Meditieren eingeschränkt. Das wissen wir aus eigener Erfahrung. Wenn wir gar in einem elenden Daseinsbereich existieren oder in einer Umgebung voller Ablenkungen, wie die Götter, ist es unmöglich, daß wir Nützliches tun können, indem wir uns im Dharma üben, meditieren und so die Wirkungskraft des Dharma in uns selbst verwirklichen. So denkt man sich: »Wenn ich nicht in der jetzigen Situation für das Wohl der anderen wirke, wann könnte ich es sonst tun? Ohne Aufschub will ich mich bemühen, etwas zu erreichen, das dazu beiträgt, daß die fühlenden Wesen, die mir immer wieder ihre Hilfe haben angedeihen lassen, von Leid frei werden und Wohlergehen erreichen. Ich selbst will diese Verantwortung auf mich nehmen und sie nicht auf andere abwälzen.« Diese Kraft des Willens zu entwickeln ist das »Erzeugen der Außergewöhnlichen Geisteshaltung«. Sie ist die Wärme, die dem Samen des Erbarmens zugefügt wird. Wenn der Same mit Wärme zusammenkommt, wird seine Kraft immer größer, so daß er heranwächst und sich zum jungen Trieb der Pflanze öffnet. Ebenso können nun aus dem Samen des Erbarmens alle guten Eigenschaften bis hin zur Buddhaschaft wachsen.

»Wenn ich diese Last und Verantwortung heute nicht trage, wer sollte sie sonst tragen? Ich selbst will Hilfe und Wohlergehen für die anderen erreichen. Das ist nichts Geringfügiges, sondern ein weitreichendes Ziel und eine umfangreiche Aufgabe. Daher bitte ich die Buddhas und Bodhisattvas, mich zu segnen, daß ich diese Last trage und das Vorhaben in die Tat umsetzen kann.« So verbindet man die Überlegungen immer wieder mit dem Gebet.

Sinn der Meditation

Die geschilderte Meditation enthält vier Kontemplationen: Gleichmut, Liebe, Erbarmen und die Außergewöhnliche Geisteshaltung. Wer diese Kontemplation mit klarem Geist und guter Bemühung durchführt und eine gute Stütze durch angeborene Verdienste besitzt, kann möglicherweise schon in einigen Monaten außergewöhnliche Erfahrungen hervorbringen. Wer keine solche große Anstrengung aufbringen kann und keine so starke Stütze durch schon vorhandene Verdienste zur Verfügung hat, wird sich trotzdem – auf sein ganzes Leben hin gesehen – sehr positiv verändern und diese Veränderung in der eigenen Erfahrung feststellen.

Wenn man in diesen Kontemplationen nach Kräften Erfahrungen sammelt, erlangt man mit Sicherheit einen Zustand, in dem man schnell und konkret Hilfe und Wohlergehen für andere und für sich selbst verwirklichen kann. So erntet man die Früchte dieser Meditation. Ein Zweifel allerdings kann kommen: »Diese Meditation stellt doch keinen greifbaren Nutzen dar, da es sich doch nur um Denkweisen des eigenen Geistes handelt, die einem selbst bloß dazu dienen, angenehm die Zeit zu verbringen. Darin liegt kein Sinn.« Um einen greifbaren, konkreten Nutzen zu erzielen, reicht es jedoch nicht, wenn sich ein einzelner Mensch ob der Leiden und Schwierigkeiten in der Welt grämt und dann aufgeregt hin und her läuft. In unserem jetzigen Zustand reichen die Fähigkeiten eines einzelnen nicht aus. Menschen, die sich in Bedrängnis befinden, gibt es sehr viele, aber derjenige, der herumläuft mit dem Ziel, die äußeren, sichtbaren Schwierigkeiten gleich zu beseitigen, ist eben nur ein einzelner Mensch. Seine Zeit und seine Mittel reichen nicht aus, und er hat nur einen Körper, aber die fühlenden Wesen sind unzählig. Deshalb hilft die Einstellung, man müsse »ganz greifbar« etwas bewirken und sich dazu verausgaben, oft nicht viel weiter als zu Unzufriedenheit und Depressionen. Deshalb muß man klug sein und weiter blicken. Wenn man als Grundlage des Denkens stets das höchste Ziel beibehält, die fühlenden Wesen von Leid zu befreien und in Glück zu versetzen, und wenn man durch die Schulung des Geistes einen Zustand mit höheren Fähigkeiten und Qualitäten anstrebt, dann stellt sich sicher ein Zeitpunkt ein, da man in jedem Augenblick auf mannigfaltige Weise den anderen Wesen

Hilfe und Wohlergehen gewähren und sie aus vielen Schwierigkeiten befreien kann. Daß dies möglich ist, liegt in der Natur der positiven Eigenschaften des Geistes selbst begründet. Auch die vergangenen Buddhas und Bodhisattvas haben nur auf diesem Weg Fortschritte gemacht; es gibt nicht eine einzige Begebenheit, bei der jemand mit dem Anspruch, greifbar zu helfen, einige Wochen oder Monate hastig umherlief und dadurch einen weitreichenden Nutzen bewirkt hätte.

Die Bemühung, Altruismus zu üben, ist für uns Menschen das hervorragendste Mittel, uns selbst und den anderen zu helfen. Dieser Altruismus kommt in der Haltung zum Ausdruck, die anderen fühlenden Wesen zu lieben wie ein wunscherfüllendes Juwel, ihnen mit allen Mitteln, die man zur Verfügung hat, zu helfen und zu diesem Zweck Schwierigkeiten auf sich zu nehmen und zu ertragen. Denn man selbst ist nur eine einzige Person im Vergleich zu den vielen anderen fühlenden Wesen. Daß die Vielen wichtiger sind als der Eine, ist sicher ein korrektes, der Wirklichkeit entsprechendes Argument, und somit stützt sich das Verhalten, daß ein einzelner für das Wohl vieler Wesen Schwierigkeiten auf sich nimmt, auf gute Begründungen.

Wenn man sich mit diesen vier Kontemplationen und ihren korrekten Begründungen in der täglichen Meditation immer mehr vertraut macht, ändert sich allmählich der schlechte Charakterzug der Selbstsucht, daß man immer nur an sich selbst und die eigene Sache dachte. In Zukunft wird sich dadurch die eigene Einstellung so zum Positiven ändern, daß man nur noch an den anderen und ihrem Glück Interesse findet. Die Veränderung von schlechten Charaktereigenschaften hin zu guten ist die eigentliche Erfahrung, die auf dem Pfad angestrebt wird.

Daß dies möglich ist, möchte ich an einem einfachen Beispiel verdeutlichen.

Stellen wir uns vor, daß ein Mensch, der insgesamt achtzig Jahre alt wird, die erste Hälfte seines Lebens in einem bestimmten Land verbringt. Mit vierzig Jahren hat er dann alle Lebensgewohnheiten dieses Landes angenommen, sich ganz und gar an seine Sprache, seine Denkweise, seine Verhaltensweise und so weiter gewöhnt. Wenn er die zweite Hälfte seines Lebens in einem ganz anderen Land lebt und dieses ihm zur zweiten Heimat wird, werden seine Lebensgewohnheiten und landestypischen Charaktereigenschaften wiederum umgewandelt, sei es die Sprache, die Denkweise, die Verhaltensweise. In Übereinstimmung mit dieser Gesetzmäßigkeit muß man auch auf einem religiösen Pfad Erfahrungsresultate erzielen. Altruismus zu schulen bedeutet auch nichts anderes, als sich an neue Denkweisen und Erfahrungen immer mehr zu gewöhnen und sie sich dadurch zu eigen zu machen.

Wenn man so durch Gleichmut den Boden bereitet, ihn bewässert mit dem Wasser der Liebe, den guten Samen des Erbarmens pflanzt und ihn mit der Wärme der Außergewöhnlichen Geisteshaltung nährt, wächst aufgrund all dieser guten Bedingungen schrittweise der Keim der heilsamen Erfahrungen und Erkenntnisse. Aus diesem Keim wächst wie schöne Blüten ein heilsames körperliches und sprachliches Verhalten, das es einem leicht macht, mit anderen ein gutes Verhältnis aufzunehmen. Man macht auf andere stets einen freundlichen, zuvorkommenden Eindruck, wird alles in allem ein gern gesehener Mensch. Das ist der zeitliche Nutzen. Aus diesen Blüten des guten Verhaltens können weiter die Früchte der letztlichen Hilfe für die anderen reifen. Das sind die Fähigkeiten, die gebraucht werden, um jedem Wesen entsprechend seiner Veranlagung und Neigung die Mittel nahezubringen, mit denen es seinen eigenen Geist zur Reife bringen und sich von tieferliegenden Ursachen für Leid sowie von anderen Hindernissen und Beschränkungen befreien kann. Dies möchte ich jedem Menschen wünschen, der sich für die wenigen Gedanken interessiert, die ich hier wiedergegeben habe.

Glossar

Die hier aufgeführten Wörter sind beim ersten Auftreten im Text kursiv gesetzt. Bei einigen Wörtern findet man im Glossar hinter dem deutschen Begriff in Klammern das entsprechende Sanskritwort und dessen tibetisches Äquivalent. In diesem Fall sind beide durch ein Komma getrennt. Wenn in Klammern nur ein Ausdruck aufgeführt ist, dann ist dieser stets die tibetische Übersetzung. Die Umschrift der Sanskritworte folgt der international üblichen Schreibweise. Die Umschrift der tibetischen Buchstaben folgt dem von Turrell Wylie vorgeschlagenen System.

Für die Aussprache der Sanskritbuchstaben gelten folgende vereinfachte Ausspracheregeln: Die Vokale werden wie im Deutschen gesprochen. Es gibt jedoch eine Unterscheidung zwischen kurzen und langen Vokalen. Ein Dehnungszeichen über einem Vokal zeigt seine Längung an: kurzes *a* wie in W*a*che, aber langes *ā* wie in W*a*gen; kurzes *i* wie in T*i*p, aber langes *ī* wie in S*ie*b; kurzes *u* wie in W*u*rm, aber langes *ū* wie in W*u*t. Stets gedehnt werden gesprochen: die Vokale *e* wie in L*e*ben und *o* wie in H*o*se sowie die Vokalzusammensetzungen *ai* wie in L*ai*b und *au* wie in S*au*m.

Die Konsonanten werden folgendermaßen gesprochen: *c* wie *tsch; j* wie *dsch; ñ* wie *nj* in Don*j*a; *ś* und *ş* wie *sch; s* ist stets ein stimmloses (scharfes) *s; v* ist wie *w*, also z. B. *Vajrasattva* wie *Wadschrasatwa*. *nk* wird wie *ng* etwa in Za*ng*e ausgesprochen. *ṃ* in *Saṃgha* wird wie *Sangha* ausgesprochen.

Abhängiges Entstehen (pratītyasamutpāda, rten cing 'brel bar 'by-ung ba): Grundlage jeder buddhistischen Ansicht. Die unteren Schulen beschreiben die Abhängigkeit aller Produkte von den Ursachen und Umständen, von denen sie hervorgebracht sind. Die höheren Schulen verweisen darüber hinaus auf die Abhängigkeit aller Phänomene von ihren Teilen und von ihrer Benennung mit sprachlichen oder gedanklichen Begriffen.

Alleinverwirklicher (pratyekabuddha, rang rgyal): Strebt ebenso wie der Hörer die persönliche Befreiung aus dem *Daseinskreislauf* als Hauptziel an. Im Vergleich zu diesem besitzt er jedoch eine größere geistige Kraft. Denn diese ist so groß, daß er einhundert Zeitalter lang Verdienst sammelt, um schließlich seine Erleuchtung zu erlangen.

Ansicht, Meditation und Verhalten: Drei Grundprinzipien für die Ausübung der buddhistischen Lehre. Die Ansicht eines Buddhisten ist die des Abhängigen Entstehens alles Seienden; seine Meditation besteht in der ungeteilten Anwendung von *Methode und Weisheit;* sein Verhalten basiert auf dem Grundsatz, andere nicht zu schädigen.

Ausstrahlungskörper (nirmānakāya, sprul sku): Der *Formkörper* eines Buddha, mit dem er auch normalen Wesen erscheinen kann.

Befreiung (mokṣa, thar pa): Befreiung (bzw. Erleuchtung, Nirvāna) ist die endgültige Beendigung aller Leidensursachen in Gestalt von befleckten *Taten* und *Leidenschaften.* Aufgrund dieser Beendigung kann es keine unfreiwillige Wiedergeburt im Daseinskreislauf mehr geben.

Buddhaschaft (sangs rgyas kyi go 'phang): Das Ziel des Großen Fahrzeugs, der höchste Zustand, in dem ein Lebewesen allwissend und frei von allen Fehlern geworden ist. In der Buddhaschaft hat man nicht nur die eigene höchste und dauerhafte Glückseligkeit erreicht, sondern wirkt auch in höchstem Maße zum Wohle aller anderen Wesen.

Bodhisattva (byang chub sems dpa'): Ein »Mutiger, dessen Wille auf die Erleuchtung gerichtet ist«. Jemand, der aus uneigennützigen Motiven die höchste Erleuchtung eines Buddha anstrebt.

Bewußtseinskontinuum: Das Bewußtsein ist der Träger der karmischen Anlagen und setzt sich von einer Existenz zur nächsten fort. Alle Taten, die wir mit Körper, Rede und Geist begehen, hinterlassen Anlagen in diesem Bewußtseinskontinuum. Diese bewirken, wenn sie mit den entsprechenden inneren oder äußeren Bedingungen zusammentreffen, Glück oder Leid.

Daseinskreislauf (saṃsāra, 'khor ba): Der Fortbestand unserer leidhaften *geistigen und körperlichen Aggregate* als ein Produkt von verunreinigten Taten *und leidverursachenden Emotionen.* Daher ist der Daseinskreislauf in seinem Wesen das Leid an mangelnder Freiheit und Selbstbestimmung.

Dharma (chos): Die wörtliche Bedeutung von *dharma* ist »halten, tragen«. In einer Anwendung dieses Wortes werden alle *Phäno-mene,* d. h. alle Daseinsfaktoren, dharmas genannt. Ihr charakteri-stisches Merkmal ist, daß sie ihre ihnen eigene Entität, ihr Wesen, in sich »tragen«. Zum anderen bedeutet Dharma Religion, insbe-sondere die Lehre des Buddha, denn ihre Anwendung »hält« den Übenden aus leidvollem, aus unfreiem und schließlich aus jedem mit Hindernissen behafteten Dasein »heraus«.

Diamantenes Fahrzeug (vajrayāna, rdo rje theg pa): Identisch mit dem *Geheimen-Mantra-Fahrzeug.*

Elendes Dasein (ngang 'gro): Dies sind die niederen Daseinsberei-che der Höllenwesen, Hungrigen Geister und Tiere. Hier erleben die Wesen unbeschreibliche physische und geistige Leiden. Erst wenn das negative Potential der Tat, die zu dieser Existenz geführt hat, aufgebraucht ist, kann wieder ein höheres Dasein als Mensch oder Gott erlangt werden.

Erleuchtungsgeist (bodhicitta, byang chub kyi sems): Das altruisti-sche Streben nach der Allwissenheit eines Buddha, um frei zu sein von allen Hindernissen und alle vortrefflichen Eigenschaften zu besitzen. Der Zweck dieses Strebens ist das Heil aller fühlenden Wesen, das Ziel ist die vollendete Erleuchtung.

Formkörper (rūpakāya, gzugs kyi sku): Die Manifestationen, in denen der *Wahrheitskörper* eines Buddha Gestalt annimmt, um die Wesen, deren Karma genügend geläutert ist, zur Befreiung zu führen. Der Formkörper ist die höchste Verwirklichung des Woh-les anderer, weil er in jedweder Form erscheint, die für die fühlen-den Wesen mit ihren unterschiedlichen Voraussetzungen geeignet ist, und zu ihrem Wohle die erleuchtete Heilsaktivität der Rede einsetzt. Es gibt zwei Ebenen des Formkörpers, den *Körper Voll-kommenen Erfreuens* und den *Ausstrahlungskörper.*

Geheimes-Mantra-Fahrzeug (guhyamantrayāna, gsang sngags kyi theg pa): Wörtlich heißt Mantra »Schutz des Geistes«. Die Aus-übung des Geheimen Mantra dient dazu, »den Geist« vor gewöhn-lichen, verunreinigten Wahrnehmungs- und Beurteilungsweisen »zu schützen«. Diese Lehren des Buddha sind »geheim«, weil sie verborgen verwirklicht werden und denjenigen, die nicht genü-gend vorbereitet sind, nicht gelehrt werden sollen. Das Mantra-

Fahrzeug, auch *Diamantenes Fahrzeug* oder *Tantra-Fahrzeug* genannt, ist der nicht-allgemeine Teil des *Großen Fahrzeugs*. Das diesem Pfad zugrundeliegende Erbarmen mit allen fühlenden Wesen ist so groß, daß man nach Mitteln strebt, um schneller als auf dem allgemeinen Pfad des Großen Fahrzeugs die Buddhaschaft zu erlangen. Der dieses Fahrzeug Ausübende muß ein »Juwelengleicher Schüler« sein, der vor allem eine besonders große uneigennützige Entschlossenheit und besonders starkes Vertrauen in die Lehre besitzt.

Darüber hinaus sind *Mantras*, insbesondere *Namensmantras*, kurze Gebete, die viele Male aufgesagt werden. Damit wird eine *Gottheit* mit ihren vollendeten Eigenschaften immer wieder angerufen, um um ihre Aufmerksamkeit zu bitten, ihren Segen zu empfangen und sich ihren Eigenschaften selbst anzunähern.

Gereifte Wirkung (rnam smin gyt 'bras bu): Die Haupt-Wirkung, die aus einer Handlung hervorgeht. Die gereifte Wirkung besteht in den guten oder schlechten körperlichen und geistigen Voraussetzungen, die man als Folge einer früheren heilsamen oder unheilsamen Handlung mit einer neuen Existenz annimmt.

Geistige Gemeinschaft (saṃgha, dge 'dun): Die Gemeinschaft derer, die »nach dem Heil [der Befreiung] streben«. Neben Buddha und der Lehre *(dharma)* ist sie das dritte Zufluchtsobjekt eines Buddhisten.

Geistige Ruhe (śamatha, zhi gnas): Diese konzentrative Meditation besteht in dem punktförmigen, unabgelenkten und klaren Verweilen des Geistes auf einem Objekt. Die eigentliche Geistige Ruhe wird in neun Übungsstufen erreicht und gipfelt in dem Glück der körperlichen und geistigen Beweglichkeit.

Gottheiten (deva, lha): Im Gegensatz zu weltlichen, »unreinen« Göttern die vollkommen geläuterten Gottheiten, also Buddhas.

Gottheiten-Yoga (devayoga, lha'i rnal 'byor): Meditationen, in denen der Übende sich in der Gestalt einer Gottheit in ihrer reinen Umgebung hervorbringt. Dadurch wird sein Geist immer enger mit dem Göttlichen, Echten »verbunden«.

Großes Fahrzeug (mahāyāna, theg pa chen po): Im Gegensatz zum *Kleinen Fahrzeug* kann dieses Fahrzeug die Last und Verantwortung für das Wohl aller unendlich vielen fühlenden Wesen tragen. Der Unterschied liegt in der Stärke der geistigen Kraft, der Entschlossenheit und des Mutes, auf denen der Pfad gründet. Das Ziel der Ausübung des Großen Fahrzeugs ist die Buddhaschaft, ein Zustand frei von allen Fehlern und ausgestattet mit allen Tugenden, um allen Wesen entsprechend ihren Anlagen und Neigungen zur Erleuchtung verhelfen zu können. Auch die philosophischen Schulen des Großen Fahrzeugs stellen dies als das höchste Ziel heraus.

Guru-Yoga (bla ma'i rnal 'byor): Meditationen, in denen der Übende sich mit Körper, Rede und Geist mit den guten Eigenschaften des geistigen Lehrers »verbindet«.

Hörer (śrāvaka, nyan thos): Strebt als Hauptziel die persönliche Befreiung aus dem *Daseinskreislauf* an, das Ergebnis des *Kleinen Fahrzeugs.* Er sammelt auf seinem Weg weniger Verdienste an als der *Alleinverwirklicher* oder gar der *Bodhisattva,* denn er bringt gerade soviel Geisteskraft auf, wie nötig ist, um drei Lebenszeiten lang den Pfad zu üben. Damit erlangt er die unterste Erleuchtung, die in der Lehre Buddhas gelehrt wird.

Inhärente Existenz (svabhāvasiddhi, rang bzhin gyis sgrub pa): Das, was nach dem System der Prāsaṅgika-Mādhyamika-Philosophie durch die *Leerheit* verneint wird (also das Objekt der Negation der Leerheit). Candrakīrti schreibt in seinem Werk *Eintritt in den Mittleren Weg: »Selbst« bedeutet inhärente Existenz, ein Sein der Dinge, das von anderem nicht abhängig ist. Daß solches nicht existiert, ist die Selbstlosigkeit.* (Siehe auch *wahre Existenz.*)

Karma (las): Bedeutet »Tat, Handlung«. Siehe *Taten.*

Kleines Fahrzeug (hīnayāna, theg dman): Der Teil der Lehre des Buddha, der dazu dient, die rein persönliche Befreiung aus dem *Daseinskreislauf* zu erlangen. Weil es »nur« die Last der persönlichen Befreiung tragen kann, ist es ein »kleines« Fahrzeug. Das Kleine Fahrzeug zerfällt in zwei Pfade, den Pfad der *Hörer* und den Pfad der *Alleinverwirklicher.*

Körper Vollkommenen Erfreuens (saṃbhogakāya, longs spyod rdzogs pa'i sku): Der göttliche Formkörper eines Buddha, der nur den *Bodhisattvas* erscheint, die eine hohe Bodhisattva-Stufe erreicht haben.

160

Körperliche und geistige Aggregate (skandha, phung po): Fünf Gruppen von körperlichen und geistigen Aspekten und Teilen, die unsere Person bedingen: das Körperliche, die Empfindungen, die Beurteilungen, die gestaltenden Faktoren und die sechs Hauptbe- wußtseinsarten. Die gegenwärtigen, uns zur Verfügung stehenden Aggregate sind größtenteils ein Produkt unserer eigenen befleck- ten *Taten* der Vergangenheit.

Leerheit (śūnyatā): In den philosophischen Schulen des *Großen Fahrzeugs* die letztgültige Seinsweise alles Existierenden. Nach der Prāsaṅgika-Mādhyamika-Philosophie sind die Leerheit an *inhä- renter Existenz* und die *Selbstlosigkeit* gleichbedeutend. Da die Dinge abhängig existieren, haben sie kein ihnen unabhängig inne- wohnendes Sein.

Leidverursachende Emotionen bzw. *Leidenschaften (kleśa, nyon mongs):* Diejenigen Bewußtseinszustände, deren allgemeines Cha- rakteristikum es ist, das Geist-Kontinuum durch ihr Entstehen in einen äußerst unausgeglichenen, unbeherrschten Zustand zu ver- setzen. Die wesentlichen sind Haß, Begierde und Verblendung. Alle leidverursachenden Emotionen sind mit der Verkennung der Realität verbunden. Sie werden aufgeteilt in sechs *Wurzelleiden- schaften* und zwanzig *Nebenleidenschaften*.

Maṇḍala (dkyil 'khor): Eine Bedeutung dieses Wortes ist: »die Essenz ergreifen«. Denn das Verdienst, das mit der symbolischen Darbringung von *Mandalas* oder reinen Welten im Geist angesam- melt wird, dient als Grundlage dafür, die gewünschten Ziele auf dem Pfad zu erreichen. In einer anderen Bedeutung bezieht sich dieses Wort auf den Ort von *Gottheiten*.

Mantras (sngags): s. *Geheimes-Mantra-Fahrzeug*.

Methode und Weisheit: Die irrtümliche Vorstellung eines *Selbst* ist die Wurzel für alle *leidverursachenden Emotionen* und verunrei- nigten *Handlungen*. Das diese Wurzel direkt Durchschneidende ist die Weisheit, die die *Selbstlosigkeit* versteht. Andere nötige Eigenschaften auf dem Pfad, wie das Streben nach der Befreiung aus dem Daseinskreislauf, liebevolle Hinwendung, Erbarmen und der *Erleuchtungsgeist*, sind nicht die direkten Gegensätze der fal- schen Vorstellung eines Selbst. Aber sie sind indirekte Methoden, damit der Geist diese falsche Vorstellung beseitigen kann. Ähnlich ist das eigentlich Schneidende einer Axt die Schneide. Das bewegende Mittel jedoch, um das Holz zu schneiden, sind der Stiel, der Arm des Holzfällers, seine Absicht, Holz zu fällen usw.

Muße und Reichtum: Achtzehn Bedingungen, die den *wertvollen Menschenkörper* ausmachen und die nötig sind, um die Lehre auszuüben. Muße ist die Freiheit von acht hindernden Umständen:

1. Geburt als Höllenwesen,
2. Geburt als Hungriger Geist,
3. Geburt als Tier,
4. Geburt in einer unkultivierten Gegend,
5. mangelnde Sinnesfähigkeiten,
6. Festhalten an falschen Ansichten,
7. als langlebiger Gott geboren zu sein,
8. in einer Welt geboren zu sein, in der kein Buddha erschienen ist.

Reichtum bedeutet fünf innere Reichtümer:

1. Mensch zu sein,
2. in einem zentralen Land geboren zu sein, in dem die Lehre Buddhas vorhanden ist,
3. gesunde Sinne,
4. keine der fünf Taten begangen zu haben, die nach dem Tode unmittelbare Geburt in einem niedrigen Daseinsbereich bewirken: Vatermord, Muttermord, Töten eines Heiligen, der sich aus dem Daseinskreislauf befreit hat, in schlechter Absicht Blut eines Buddha vergießen, Spaltung in der Geistigen Gemeinschaft zu bewirken,
5. Vertrauen zu den Aussagen des Buddha,

und fünf äußere Reichtümer:

1. daß ein Buddha in die Welt gekommen ist,
2. daß er den heiligen Dharma gelehrt hat,
3. daß seine Lehre bis in die Gegenwart Bestand hat,
4. daß es Menschen gibt, die ihr nachfolgen,
5. daß es in der Gegend, in der man lebt, Menschen gibt, die für andere Mitgefühl und liebevolle Hinwendung empfinden und andere unterstützen.

Namensmantras (mtshan sngags): s. Geheimes-Mantra-Fahrzeug.

Nebenleidenschaften (upakleśa, nye nyon): Die zwanzig sekundä-
ren *leidverursachenden Emotionen* sind nach Asaṅgas *Kompendium des Höheren Wissens:* Wut, nachtragende Feindseligkeit,
Verbergen der eigenen Fehler, Ärger, Neid, Geiz, Heuchelei, Ver-
hehlen, überhebliche Selbstzufriedenheit, Unbarmherzigkeit,
mangelnde Selbstachtung, fehlende Rücksicht, Dumpfheit, Erregung, fehlendes Vertrauen, Faulheit, mangelnde Selbstbeherr-
schung, Vergeßlichkeit, mangelnde Selbstprüfung, Ablenkung.

Objekt der Negation (dgag bya): s. inhärente Existenz.

Phänomen (dharma, chos): Ein anderes Wort für das Existierende,
die Bewußtseinsobjekte. Siehe auch *Dharma.*

Sechs Vollkommenheiten (paramitā, phar phyin): Geben, morali-
sche Disziplin, Ertragen, Anstrengung, Sammlung und Weisheit.
Diese Tugenden sind die wesentlichen von einem *Bodhisattva* zu
übenden Handlungsweisen; und da sie Mittel sind, die zu den
Vollkommenheiten auf der Ebene eines Buddha führen, werden sie
auch zur Zeit des Pfades schon als Vollkommenheiten bezeichnet.

*Selbst (ātman, bdag), Selbst-Existenz: s. inhärente Existenz, wahre
Existenz,* auch *Selbstlosigkeit.*

Selbstlosigkeit (nairātmya, bdag med pa): Die grundlegende Lehre
der buddhistischen Philosophie ist die Verneinung eines unabhängigen Selbst. Nach der Prāsaṅgika-Mādhyamika-Philosophie ist
die Selbstlosigkeit gleichbedeutend mit der Leerheit an *inhärenter
Existenz,* die die letztgültige Seinsweise alles Existierenden ist.

Sieben Meditationsanweisungen über Ursache und Wirkung: Die
Meditationsanweisungen zur Erzeugung des *Erleuchtungsgeistes,*
die kausal aufeinander aufbauen. Sie werden nach der Schulung des
Gleichmuts gegenüber vertrauten und fremden Wesen geübt (vgl.
Dalai Lama: Schlüssel zum Mittleren Weg, bzw. *Dalai Lama:
Gesang der inneren Erfahrung):*

1. alle Wesen als die eigenen früheren Mütter zu erkennen,
2. sich ihre Freundlichkeit zu vergegenwärtigen,
3. den Wunsch zu entwickeln, ihnen ihre Freundlichkeit zu
   erwidern,

4. liebevolle Hinwendung,
5. das Große Erbarmen,
6. die Außergewöhnliche Geisteshaltung,
7. Erzeugen des Strebens nach Buddhaschaft zum Wohle aller fühlenden Wesen (der Erleuchtungsgeist).

Substantielle Ursache (upādāna, nyer len): Die substantielle, wesenhafte Ursache eines Dinges im Gegensatz zu dessen mitwirkenden Ursachen. Zum Beispiel ist die substantielle Ursache einer Vase der Ton, aus dem sie hergestellt wurde; eine mitwirkende Ursache ist der Töpfer. Die substantielle Ursache eines gegenwärtigen Bewußtseinszustandes ist ein vorhergehender Bewußtseinszustand. Das ist ein Hauptargument für die Existenz früherer Leben. Denn die substantielle Ursache eines Dinges muß wesenhaft von der gleichen Art sein wie es selbst.

Sūtra (mdo): Die allgemeine, nicht-tantrische Lehre des Buddha und die Lehrreden, die diese zum Inhalt haben.

Tantra (rgyud): Bedeutet wörtlich »Kontinuum, Strom«. Tantra bezieht sich auf das Kontinuum, das sich durch die Zeit der Grundlage und des Pfades bis hin zum Ergebnis, der Buddhaschaft, zieht. Tantra bezieht sich auch auf Buddhas Lehre des *Geheimen Mantra* und die dieses lehrenden Reden.

Taten (karma, las): Alle unseren Handlungen, die wir mit Körper, Rede oder Geist tun, hinterlassen Anlagen im Bewußtsein, die je nach der Art der Handlung zu glücklichen, leidvollen oder neutralen Erfahrungen führen. Siehe das Kapitel »Handlung und Wirkung«.

Vajrasattva (rdo rje sems pa): Ein Buddha in der Gestalt des *Körpers Vollkommenen Erfreuens*, der besonders die Reinheit der Buddhas verkörpert. Meditationen in Verbindung mit Vajrasattva helfen besonders dazu, sich von negativen Anlagen durch unheilsame Handlungen zu reinigen.

Vorbereitende Übungen (sngon 'gro): Praktiken, um den Geist von karmischen Befleckungen zu reinigen und heilsame Anlagen, Verdienste, zu sammeln; als Vorbereitung auf die eigentliche Meditation eines *Gottheiten-Yoga* oder die Meditation über das Große Siegel *(mahāmudrā).* Als Vorbereitung auf die *Mahāmudrā*-Meditation werden beispielsweise in der Gelug-Tradition fünf Übungen durchgeführt: Zufluchtnahme zu Buddha, *Dharma* und *Saṃgha*, Darbringen von Niederwerfungen und *Vajrasattva*-Meditation zur Reinigung von unheilsamen Anlagen, *Guruyoga*, um Segen zu erhalten, Darbringungen des *Maṇḍala*, um Verdienste zu sammeln. Detaillierte Erklärungen dazu siehe in: *Mahamudra – der Weg zur Erkenntnis der Wirklichkeit* von Geshe Rabten.

Wahre Existenz (satya-siddhi/bhava, bden par grub pa): Wenn etwas so existierte, wie es einem gewöhnlichen Bewußtsein erscheint, so hätte es eine wahre Existenz. Nach der Prāsaṅgika-Mādhyamika-Lehrmeinung bedeutet wahre Existenz eines Phänomens das gleiche wie seine *inhärente Existenz* oder sein *Selbst*. Diese Existenzweisen sind jedoch nur fälschlich von dem ungeschulten Bewußtsein vorgestellt. In Wirklichkeit existieren sie nicht; denn alles Existierende ist *Abhängig Entstandenes*. Die irrtümlicherweise in die Dinge hineingelegte wahre Existenz wird von der *Leerheit* der Dinge ausgeschlossen.

Wahrheitskörper (dharmakāya, chos kyi sku): Die Qualitäten auf der Ebene eines Buddha, unmittelbare Erkenntnis aller Phänomene in all ihren Ausprägungen erlangt und alle Hindernisse, die vor der Befreiung und der Allwissenheit zu beseitigen sind, aufgegeben zu haben. Der Wahrheitskörper kann auf direkte Weise nur von einem Buddha selbst wahrgenommen werden. Dieser »Körper« ist die Verwirklichung des höchsten eigenen Wohles; der sich aus ihm spontan manifestierende Formkörper ist die Verwirklichung des höchsten Wohles für andere.

Wertvoller Menschenkörper: Ein Menschenleben, das die Freiheiten und Ausstattungen (siehe *Muße und Reichtum*) bietet, um Dharma zu üben. Es ist nur schwer zu erlangen, besitzt einen großen Wert und vergeht schnell wieder.

Wurzelleidenschaften (mulakleśa, rtsa ba'i nyon mongs): Die sechs grundlegenden *leidverursachenden Emotionen,* die von Asaṅga in seiner Schrift *Kompendium des Höheren Wissens* beschrieben werden: Begierde, Haß, Stolz, Unwissenheit, verblendeter Zweifel und leidverursachende Ansichten.

Yoga (rnal 'byor): Wörtlich »Anbinden an das Echte«. Alle heilsamen, religiösen Praktiken sind in diesem Sinne ein Yoga.

Zehn Heilsame Handlungen: Das bewußte Lassen der *Zehn Unheilsamen Handlungen* aufgrund der Erkenntnis der schädlichen Wirkungen dieser. Siehe das Kapitel »Handlung und Wirkung«.

Zehn Unheilsame Handlungen: drei körperliche, vier sprachliche und drei geistige unheilsame Handlungen. Diese sind unheilsam, weil die aus ihnen reifenden Früchte leidvoll sind. Siehe vor allem das Kapitel »Handlung und Wirkung«.

Zum Autor

Geshe Thubten Ngawang, tibetischer Gelehrter und Meditationsmeister, lebt seit 1979 auf Geheiß des Dalai Lama als ständiger Lehrer im Tibetischen Zentrum in Hamburg. Mit elf Jahren wurde er Mönch im Kloster Sera in Zentraltibet. 1959 flüchtete er vor den chinesischen Invasoren nach Indien, wo er nach insgesamt 37 Jahren Studium und religiöser Praxis die Prüfung für den Titel eines Lhampara-Geshe ablegte, des höchsten Ausbildungsgrades der großen Klosteruniversitäten. Seine Unterweisungen haben ihren Ursprung in den Sūtras und Tantras des Buddha, den Kommentaren späterer indischer Meister wie Nāgārjuna und Śāntideva und in der lebendigen Praxis intensiver Geistesschulung und Lebensweisheit Tibets.

Literatur

Im Text erwähnte Literatur:

Asaṅga: *Kompendium des Höheren Wissens (Abhidharmasamuc-caya, mNgon pa kun btus)*.

Buddha: *Verse über den Naga-König Bherigatha (Nāgarājābherī-gāthā, kLu'i rgyal po rnga sgra'i tshigs su bcad pa)*.

Buddha: *Lehrrede von den Vier Wahrheiten (Catuhsatyasūtra, bden pa bzhi'i mdo)*.

Maitreya: *Die Unterscheidung der Mitte und der Extreme (Ma-dhyāntavibhaṅga, dBus dang mtha' rnam par 'byed pa)*.

Śāntideva: *Eintritt in das Leben zur Erleuchtung (Bodhisattvaca-ryāvatāra, Byang chub sems dpa' spyod pa la 'jug pa)*, übersetzt von E. Steinkellner, München: Eugen Diederichs Verlag, 2. Aufl. 1989.

Weiterführende Literatur:

Dalai Lama, XIV.: *Das Auge einer neuen Achtsamkeit*, München: Goldmann, 1987.

Dalai Lama, XIV.: *Das Buch der Freiheit*, Bergisch Gladbach: Gustav Lübbe Verlag, 1990.

Dalai Lama, XIV.: *Einführung in den Buddhismus*, Freiburg: Herder, 1992.

Dalai Lama, XIV.: *Gesang der inneren Erfahrung. Die Stufen auf dem Pfad zur Erleuchtung*, Hamburg: Dharma Edition, 1993.

Dalai Lama, XIV.: *Logik der Liebe. Aus den Lehren des Tibeti-schen Buddhismus*, München: Goldmann, 1989.

Dalai Lama, XIV.: *Der Schlüssel zum Mittleren Weg*, Hamburg: Dharma Edition, 1991.

Dalai Lama, XIV.: *Yoga des Geistes*, Hamburg: Dharma Edition, 1991.

McDonald, Kathleen: *Wege zur Meditation*, Jägerndorf: Diamant Verlag, 1986.

Geshe Rabten: *Buddhistische Philosophie und Meditation*, Ham-burg: Dharma Edition, 1990.

Geshe Rabten: *Essenz der Weisheit*, Hamburg: Dharma Edition, 1990.

Geshe Rabten: *Konzentrative und analytische Meditation*, Zürich: Edition Rabten, 1991.

Geshe Rabten: *Mahamudra – der Weg zur Erkenntnis der Wirklichkeit*, Zürich: Theseus Verlag, 1979.

Geshe Rabten: *Wurzel der Weisheit*, Dillingen: Verlag Gschwendtner, 1986.

Geshe Lhündub Söpa/Jeffrey Hopkins (Hrsg): *Der Tibetische Buddhismus*, München: Eugen Diederichs Verlag, 7. Aufl. 1993.

Geshe Thubten Ngawang: *Śamatha – Die Entfaltung von Geistiger Ruhe*, Hamburg: Dharma Edition, 3. Aufl. 1993.

Geshe Thubten Ngawang: *Tod, Bardo und Wiedergeburt*, Hamburg: Tibetisches Zentrum, 1985.

Geshe Thubten Ngawang: *Buddhistisches Bekenntnis*, Hamburg: Tibetisches Zentrum, 1986.

Jeffrey Hopkins (Hrsg.): *Tantra in Tibet. Das Geheime Mantra des Tsong-ka-pa*, München: Eugen Diederichs Verlag, 4. Aufl. 1992.

Lati Rinpoche/Jeffrey Hopkins (Hrsg.): *Stufen zur Unsterblichkeit. Tod, Zwischenzustand und Wiedergeburt im tibetischen Buddhismus*, München: Eugen Diederichs Verlag, 3. Aufl. 1990.

Loden Sherap/Dagyap Rinpoche: *Buddhistische Glückssymbole im tibetischen Kulturraum*, München: Eugen Diederichs Verlag, 1992.

DIEDERICHS GELBE REIHE

Eugen Diederichs Verlag

Weitere Titel zu Tibet und Buddhismus
in Diederichs Gelbe Reihe

Geshe Lhündub Söpa/Jeffrey Hopkins
Der Tibetische Buddhismus
DG 13, 224 Seiten mit zahlreichen Abbildungen

Zwei Basistexte, kommentiert und mit Erläuterungen verse-
hen, sind zu einem Handbuch des Tibetischen Buddhismus
zusammengefaßt. Eine Einführung in die grundlegende buddhistische Theorie mit einem Vorwort des 14. Dalai Lama.
»Die drei Hauptaspekte des Pfades zur höchsten Erleuchtung«
beschreibt, wie man eine Meditationssitzung vorbereitet und
durchführt. Dieser vom vierten Pantschen Lama verfaßte Text
basiert auf den Meditationsanweisungen des tibetischen Meisters Tsong-ka-pa.
In die den praktischen Meditationsübungen zugrundeliegende
Theorie führt »Der kostbare Kranz der Lehrmeinungen« ein.
Dieser Text gibt zugleich einen Überblick über die psychologi-
schen Lehren sämtlicher Schulen des Buddhismus.

Jeffrey Hopkins
Tantra in Tibet
Das Geheime Matra des Tsong-ka-pa,
eingeleitet vom 14. Dalai Lama
DG 29, 329 Seiten

»Vor allem heute ist das *Geheime Mantra* zum Gegenstand des
Interesses geworden. Viele Geheimnisse sind verbreitet worden, viele Vortragende erklären *Tantra*. Obwohl Geheimes
Mantra im verborgenen erreicht werden muß, sind viele Bücher
erschienen, die eine Mischung aus Wahrheit und Unwahrheit
darstellen. Deshalb glaube ich, daß das Übersetzen und
Verbreiten eines sachkundigen Werkes helfen könnte, diese
falschen Überlegungen zu beseitigen. Aus diesem Grunde
gebe ich eine Erklärung zu Tsong-ka-pas *Großem Geheimem
Mantra.*«
Der 14. Dalai Lama

Eugen Diederichs Verlag

Namkhai Norbu

Der Zyklus von Tag und Nacht

Die praktischen Übungen des Ati-Yoga

DG 84, 152 Seiten

Dzogchen, dessen Ursprung bereits in vorbuddhistischer Zeit
liegt, ist ein Erkenntnisweg, der allen Traditionen des Tibetischen Buddhismus vertraut ist, ohne auf eine Schule beschränkt
zu sein.
Namkhai Norbu, Meister des Dzogchen und Professor an der
Universität Neapel, stellt in diesem Buch Übungen für den Tag
und die Nacht vor, mit denen sich ein ununterbrochener
Zyklus einrichten läßt.
Dzogchen ist der Weg der Selbstbefreiung durch Kontemplation, die zur vollkommenen Erkenntnis führt.

Loden Sherap Dagyab Rinpoche

Buddhistische Glückssymbole im tibetischen Kulturraum

Eine Untersuchung der neun bekanntesten Symbolgruppen

DG 93, 166 Seiten mit zahlreichen Abbildungen

Eine Darstellung und Untersuchung der neun bekanntesten
buddhistischen Symbolgruppen im tibetischen Kulturraum,
wie beispielsweise die Acht Glückssymbole, die Sieben Kost-
barkeiten der Königsherrschaft oder die Sechs Zeichen des
langen Lebens. Es finden sich so bekannte Symbole wie das
Rad und der Lotus, aber auch so seltsam anmutende wie der
Joghurt und das Senfkorn. Die Symbole werden lebendig in
den beschriebenen Ritualen und Rezitationstexten, die hier im
Original und in deutscher Übersetzung wiedergegeben werden.

Eugen Diederichs Verlag

Hans Wolfgang Schumann
Buddhismus
Stifter, Schulen und Systeme
DG 99, 259 Seiten mit zahlreichen Abbildungen

Ein klar gegliederter, sprachlich präziser Leitfaden durch die
komplexe Welt des Buddhismus. Auf den indischen Original-
quellen basierend, führt das Buch in das faszinierende Thema
ein und ermöglicht es, das Gedankensystem des Buddhismus
zu verstehen und seine Entwicklung zur Weltreligion zu
verfolgen.
Hans Wolfgang Schumann hat zum Leben des Buddha sowie
zum frühen und zum späten Buddhismus spezielle Bücher
vorgelegt. Sie verbinden profundes indologisches Sachwissen
mit der Erfahrung des lebendigen Buddhismus in Asien und
der Vertrautheit mit den historischen Schauplätzen. »Buddhismus – Stifter, Schulen und Systeme« faßt die Ergebnisse nach
neuestem Forschungsstand zusammen.

Hans Wolfgang Schumann
Der historische Buddha
Leben und Lehre des Gotama
DG 73, 319 Seiten

Das Leben des *Erleuchteten* wird hier zum ersten Mal reali-
stisch, frei von Legenden dargestellt. Hans Wolfgang Schumann zeigt den Menschen Gotama – den Denker, den Prediger,
den politischen Taktierer und den juristisch beschlagenen
Ordensorganisator. Zudem wird der *dhamma*, die Lehre des
Buddha, ausführlich beschrieben. Es entsteht ein Bild der
Kultur Indiens vor 2500 Jahren.

Eugen Diederichs Verlag